LES VINGT JOURS

Ouvrages du même auteur
sur l'époque napoléonienne

L'Anti-Napoléon (Julliard, 1964).
Napoléon et l'Empire (collectif, Hachette, 1968).
Nouvelle Histoire de Paris : le Consulat et l'Empire (Hachette, 1970).
Le Mythe de Napoléon (Armand Colin, 1971).
Bibliographie critique des Mémoires sur le Consulat et l'Empire (Droz, 1971 ; rééd. 1991).
Atlas administratif de l'Empire français d'après l'atlas rédigé par ordre du duc de Feltre en 1812 (avec F. de Dainville, Droz, 1973).
Paris et son administration (1800-1830) (Ville de Paris, 1976).
Napoléon ou le mythe du Sauveur (Fayard, 1977).
La Vie quotidienne des Français sous Napoléon (Hachette, 1978).
Napoléon à Sainte-Hélène (Laffont, 1981).
Napoléon et la noblesse d'Empire (Tallandier, 1980 ; rééd. 1986).
Le Grand Empire, 1804-1815 (Albin Michel, 1982).
Fiévée, conseiller secret de Napoléon (Fayard, 1985).
Le Directoire et le Consulat (PUF, « Que sais-je ? », 1991).
L'Histoire de Napoléon par la peinture (avec J.-M. Leri et A. Fierro, Belfond, 1991).
Le Premier Empire (PUF, « Que sais-je ? », 1992).
Napoléon II (Fayard, 1992).
Itinéraire de Napoléon au jour le jour : 1769-1821 (avec L. Garros, nouv. éd. Tallandier, 1992).
Une journée particulière de Napoléon (Lattès, 1993).
Le Sacre de Napoléon (Imprimerie nationale, 1993).
Dictionnaire du Consulat et de l'Empire (avec A. Fierro et A. Palluel, Laffont, « Bouquins », 1995).
La France de la Révolution et de l'Empire (PUF, 1995).
Napoléon, le pouvoir, la nation, la légende (Le Livre de poche, 1997).
Napoléon et le cinéma (collectif, Piazzola, 1998).
Petite Histoire de Napoléon (Valmonde, 1998).
Fouché (Fayard, 1998).
Le 18 brumaire (Comment terminer une révolution) (Perrin, 1999).
Murat (Fayard, 1999).
Napoléon et Rouget de l'Isle (Hermann, 2000).

Éditions critiques :

Proclamations et bulletins de la Grande Armée (« 10-18 », 1964).
Œuvres littéraires et écrits militaires de Napoléon (Société encyclopédique, 1967).
Lettres inédites de Cambacérès à Napoléon (Klincksieck, 1973).
Napoléon à Sainte-Hélène (Laffont, « Bouquins », 1981).
Lettres d'amour de Napoléon à Joséphine (Fayard, 1981).
Mémoires de Talleyrand (Imprimerie nationale, 1996).

Direction :

L'Europe de Napoléon (Horvath, 1988).
Dictionnaire Napoléon (Fayard, 1988 ; nouv. éd., 2 vol., Fayard, 1999).
Dictionnaire du Second Empire (Fayard, 1995).
Les Empires occidentaux (PUF, 1997).

Jean Tulard
de l'Institut

LES VINGT JOURS

(1er-20 mars 1815)

Napoléon ou Louis XVIII ?

Fayard

« Quand un gouvernement n'est pas solidement établi, tout homme dont la conscience ne compte pas devient, selon le plus ou le moins d'énergie de son caractère, un quart, une moitié, un trois-quarts de conspirateur ; il attend la décision de la fortune ; les événements font plus de traîtres que les opinions. »

CHATEAUBRIAND,
Mémoires d'outre-tombe, 3e partie,
Ire époque, livre cinquième, 11.

INTRODUCTION

Ayant débarqué à Golfe-Juan le 1er mars 1815, après avoir quitté l'île d'Elbe le 26 février, Napoléon arrive à Grenoble le 8 mars sans rencontrer de résistance, mais en ayant pris des chemins détournés. Il confiera : « Jusqu'à Grenoble on me traita d'aventurier. À Grenoble, je fus prince. » C'est en tant qu'empereur des Français qu'il convoque en effet les autorités de la ville et reçoit leur serment.

Louis XVIII, roi de France selon la Charte, est aux Tuileries quand il apprend, le 5 mars, la nouvelle du débarquement de Napoléon. Il donne aussitôt l'ordre d'organiser la lutte contre « l'usurpateur » en l'encerclant entre la Saône, le Doubs et le Jura. Le comte d'Artois, frère du monarque, prend la tête des opérations et fait appel au concours des autorités civiles et militaires. À qui obéir en ce mois de mars 1815 ? À Napoléon ou à Louis XVIII ? À l'empereur ou au roi ? Quel est le souverain légitime ?

Napoléon ? Mais il a abdiqué sans conditions le 6 avril 1814, le traité de Fontainebleau lui garantissant peu après la souveraineté de l'île d'Elbe et une rente de deux millions versée par le gouvernement français. Toutefois, Louis XVIII, qui est monté sur le trône au nom d'une longue tradition historique et grâce à la victoire des puissances coalisées contre l'Empire, n'a pas respecté cette clause et la rumeur court que les vainqueurs de Napoléon envisagent de le déporter dans une île lointaine. Napoléon peut donc se considérer comme délié de ses engagements.

Si Louis XVIII continue à être reconnu, en mars 1815, par l'ensemble des puissances européennes, excepté le royaume de Naples, où règne Murat, c'est un courant populaire qui, en France, porte Napoléon, l'invitant à recommencer la révolution contre l'Europe des rois.

À la menace d'une guerre civile dans un pays de nouveau coupé en deux, royalistes contre républicains, s'ajoute la reprise inévitable de la guerre entre la France et l'Europe si Napoléon remonte sur le trône. Mais que représentent ces souverains qu'on a vus si humbles à Erfurt ou à Dresde quand l'Empereur était victorieux, et qui peut assurer que Napoléon ne les vaincra pas encore une fois ?

Face à son retour, quels furent les états d'âme d'un préfet ou d'un général, d'un maire ou d'un officier de gendarmerie placés devant leurs responsabilités et ne disposant que d'informations fragmentaires et tardives, souvent déformées par la rumeur ou la propagande ? Pour eux où est le droit ? Où est l'honneur à défaut du droit ? Plus prosaïquement, en cas de mauvais choix, ne faut-il pas prévoir la mort, la prison ou l'exil ? Rester neutre ? Difficile. Gagner du temps pour se rallier ensuite au vainqueur ? Solution sage sinon honorable, mais dans de nombreux cas impossible. Il faut se décider dans la minute.

Ce livre évoque ceux qui, en ces jours, furent placés par leur conscience devant le devoir d'obéissance, le respect d'un serment, l'intérêt du pays... ou leur propre intérêt.

La crise dura vingt jours, vingt jours dont les conséquences pèsent encore sur nous.

PREMIÈRE PARTIE

L'héritage de 1814

On ne comprendrait rien à la crise de 1815 sans un retour à l'année précédente. Il faut rappeler les conditions dans lesquelles Napoléon avait dû abdiquer en avril 1814, laissant libre un trône auquel accéda en définitive Louis XVIII. Une succession qui fut assurée sans effusion de sang, la guerre mise à part.

Tout semblait clair : la page de la Révolution était tournée et une réconciliation des Français s'annonçait. Mais pouvait-il y avoir réconciliation ?

CHAPITRE PREMIER

La chute de Napoléon

Le 29 mars 1814, Marie-Louise, le roi de Rome et le Conseil de régence quittent Paris avant l'arrivée des coalisés – Russes, Prussiens et Autrichiens – qui, depuis janvier, ont envahi le territoire de la France à l'est tandis que les Anglais opèrent dans le Midi.

Napoléon est à Troyes : la manœuvre prévue sur les arrières de l'ennemi pour le détourner de la capitale a échoué. Il faut revenir au plus vite, rien n'est encore perdu.

La bataille devant Paris s'engage le 30, en l'absence de l'Empereur. Marmont et Mortier commandent 42 000 hommes face à 110 000 Alliés. Les premiers combats se déroulent à Pantin et à Romainville d'une part, à Clichy et à Montmartre de l'autre. Partout l'ennemi est repoussé. Mais Joseph, lieutenant général de l'Empire, a jugé, avant de quitter Paris, que la situation était intenable et a autorisé les maréchaux qui défendent la ville à engager des négociations. Marmont s'y résigne en fin de journée. La convention est signée dans la nuit : les barrières de Paris seront livrées à 8 heures du matin, le 31, après évacuation des troupes françaises.

Il ne restait dans Paris que les deux préfets, Chabrol à l'Hôtel de Ville, Pasquier à la préfecture de police, et, par un tour de passe-passe qu'a révélé Pasquier dans ses *Mémoires*[1], Talleyrand, qui aurait dû quitter Paris avec le Conseil de régence. Napoléon arrive trop tard à Juvisy, dans la nuit du 30 au 31.

*
* *

Le jeudi 31, les forces alliées font leur entrée dans la capitale par la barrière de la Villette. La foule est immense, sans autre réaction qu'une sourde inquiétude : Paris connaîtra-t-il le sort de Moscou ?

À la tête des troupes, le tsar Alexandre, le roi de Prusse et le prince de Schwarzenberg. L'empereur d'Autriche est resté avec Metternich à Dijon ; quant à l'Anglais Castlereagh, il a dû regagner Londres. Alexandre est donc seul maître du destin de l'Empire ce jour-là.

Le tsar avait déjà été approché par un émissaire agissant de lui-même, Vitrolles. Celui-ci avait plaidé la cause des Bourbons. À Paris, Alexandre cherche un interlocuteur. Il n'y a que Talleyrand. Le tsar refuse, par délicatesse, de s'établir aux Tuileries, et, par prudence cette fois, il refuse égale-

---

1. Pasquier, *Mémoires*, t. II, p. 232.

ment l'Élysée que l'on dit miné. Belle occasion pour Talleyrand de lui offrir l'hospitalité dans son hôtel de la rue Saint-Florentin. Il lui reste maintenant à influencer son invité. Le maintien sur le trône impérial de Napoléon est impossible. Ses vainqueurs sont intransigeants.

Le seraient-ils sur une régence, en attendant que le roi de Rome – qui est aussi le petit-fils de l'empereur d'Autriche – soit en âge de régner ? Talleyrand y a songé. Déjà il s'est opposé, le 28 mars, au départ de l'impératrice, faisant remarquer que cela ouvrait la voie à une révolution ou, au mieux, laissait le champ libre aux intrigues. Caulaincourt s'interroge au sujet de ce comportement de Talleyrand : « Son opinion, ses conseils, son insistance le 28 étaient-ils une chose jouée pour se réserver un moyen de justification, s'il avait d'autres intrigues et si elles étaient découvertes ? Était-il de bonne foi ou ne se décida-t-il que le 31 pour le rappel des Bourbons ? Voulait-il la régence, comme le croient beaucoup de gens, comme quelques paroles qu'on cite de lui peuvent porter à le croire ? Mais comment y arriver avec l'Empereur à la tête de l'armée et aux portes de Paris[1] ? » Il semble que Talleyrand n'ait pas eu, le 31 mars, de projet arrêté. Vitrolles, dans ses *Mémoires*, observe que le prince de Bénévent « n'avait pas choisi la restauration [du roi], plus hérissée de difficultés pour lui que tout autre combinaison, la régence de Marie-Louise, le fils d'un prince régicide ou tout autre. Il y aurait

1. Cité par Morlot, *Talleyrand*, p. 662.

trouvé ses intérêts bien plus sûrement garantis. Cependant il ne tenta rien pour les faire prévaloir, il subit la restauration comme une nécessité et l'affronta avec tout son esprit[1] ».

Tout dépend donc d'Alexandre. Il est hostile à tout arrangement avec Napoléon car il souhaite l'établissement d'une paix durable. Il ne repousse pas l'idée d'un rétablissement de la République en France mais en craint les conséquences sur l'équilibre européen. Bernadotte ? Ce serait recommencer l'erreur commise avec Napoléon. Ni Metternich ni Marie-Louise ne sont à Paris pour y plaider la cause du roi de Rome. Alexandre ne veut pas des Bourbons et le dit devant Vitrolles : « Les obstacles qui séparent désormais les princes de la maison de Bourbon du trône de France me paraissent insurmontables. Ils reviendraient aigris par le malheur, l'esprit de l'armée leur serait opposé, l'esprit du temps n'est pas pour eux. » Mais les arguments de Vitrolles l'ont probablement ébranlé. Au fond il serait disposé à laisser la France libre de son choix.

*

* *

Or la France, pour l'instant, c'est Talleyrand. Celui-ci ne voit en définitive d'autre solution à la crise politique qui se prépare – les Alliés excluant Napoléon de toute négociation – que dans un retour de Louis XVIII.

---

1. Vitrolles, *Mémoires*, t. II, p. 285.

Dans l'exposé qu'il fait au tsar, Talleyrand passe en revue les diverses possibilités qui s'offrent et il les résume en une formule : « La République est une impossibilité ; Bernadotte et la régence sont une intrigue ; les Bourbons seuls sont un principe[1]. » Puis il fait introduire deux de ses familiers, Pradt et Louis, pour convaincre Alexandre. Mais le passé de ces deux hommes ne plaide guère en leur faveur. Talleyrand comprend vite qu'il faut mettre les Alliés devant le fait accompli en obligeant le Sénat – où il exerce une incontestable influence – à proclamer la déchéance de l'Empereur.

Mais cette assemblée craint encore Napoléon. Pour dissiper sa peur, Talleyrand incite les Alliés à lancer une proclamation aussitôt placardée sur les murs de Paris. On y apprend que les puissances coalisées ne traiteront pas avec Napoléon, ni avec aucun membre de sa famille, qu'elles respecteront les frontières anciennes de la France et qu'elles « garantiront la Constitution que la nation française se donnera ».

Rassuré, le Sénat se réunit le 1er avril dans l'après-midi. Les sénateurs sont au nombre de 30, selon Thibaudeau, de 70, selon Thiers, en fait probablement une soixantaine. Ils ont été appelés par Talleyrand, convocation illégale puisque le Sénat ne peut être convoqué que par son président sur ordre de l'Empereur. Il est vrai qu'il peut l'être aussi, dans certaines circonstances, à la demande des commissions sénatoriales ou par un sénateur.

1. Morlot, *op. cit.*, p. 672.

L'absence de Lacépède, qui a suivi l'impératrice à Blois, peut justifier l'intervention de Talleyrand, qui joue les vice-présidents.

Après avoir entendu le prince de Bénévent, le Sénat vote l'établissement d'un gouvernement provisoire. Il est formé de Talleyrand, qui le préside, de deux sénateurs, Beurnonville et Jaucourt, d'un conseiller d'État, Dalberg, et de l'abbé de Montesquiou, ancien membre de la Constituante et agent de Louis XVIII. Sous son autorité sont placés des ministres (ceux de Napoléon sont partis à Blois) : Dupont (le vaincu de Baylen, choix malheureux) à la Guerre, le baron Louis aux Finances, le diplomate Laforest aux Affaires étrangères, l'ondoyant Beugnot, ancien préfet, à l'Intérieur, Anglès, un spécialiste formé à l'école de Fouché, à la Police, Bourrienne, qui fut secrétaire de Napoléon et disgracié pour de fâcheuses affaires de concussion, aux Postes, et Malouet à la Marine. Talleyrand déclare que le gouvernement va s'occuper de la Constitution.

Le Sénat se sépare sans avoir osé évoquer le rétablissement de la monarchie. C'est le conseil municipal de Paris, très maltraité sous l'Empire, qui en prend l'initiative, à l'instigation de l'avocat Bellart, dans une proclamation signée par 13 conseillers sur 24 et dans laquelle ces conseillers « déclarent renoncer formellement à toute obéissance envers Napoléon Bonaparte et expriment le vœu le plus ardent pour que le gouvernement monarchique soit rétabli dans la personne de Louis XVIII ». Préfet de la Seine, Chabrol en autorise l'impression et l'affichage mais refuse de signer le texte.

Bellart a agi de lui-même, sans concertation avec Talleyrand[1]. Si le prince de Bénévent souhaite s'attirer la reconnaissance de Louis XVIII, il lui faut précipiter le mouvement pour ne pas être devancé. D'autant que l'association secrète des Chevaliers de la foi recommence à s'agiter. Mais, d'un autre côté, abattre trop tôt la carte de Louis XVIII risque de resserrer les rangs autour de Napoléon. Si les critiques étaient nombreuses contre le régime impérial, les esprits étaient-ils mûrs pour une restauration ? L'arrivée de Vitrolles, nanti de pouvoirs étendus remis par le frère du roi, le comte d'Artois, qu'il avait rencontré à Nancy, le 22 mars, obligea Talleyrand à agir plus vite que prévu.

Le 2 avril, le Sénat se réunit à 9 heures du matin. Parmi les opposants à l'Empire les plus actifs se distingue Lambrechts, d'origine belge, qui avait voté contre le consulat à vie et contre l'Empire. Vainement alors. Cette fois, il tient sa revanche. Il présente une résolution en deux points : Napoléon est déchu de son titre d'empereur et l'hérédité supprimée dans sa famille ; le peuple et l'armée sont déliés du serment de fidélité envers le souverain.

Mise aux voix, sa proposition est adoptée aussitôt. L'acte de déchéance est assorti de considérants

1. Article « Bellart » par Michel Fleury dans *Dictionnaire Napoléon.*

dont Lambrechts donne la lecture le lendemain, 3 avril :

« Considérant que dans une monarchie constitutionnelle, le monarque n'existe qu'en vertu de la Constitution et du pacte social ; que Napoléon Bonaparte, pendant quelque temps d'un gouvernement ferme et prudent avait donné à la nation des sujets de compter pour l'avenir sur des actes de sagesse et de police ; mais qu'ensuite il a déchiré le pacte qui l'unissait au peuple français, notamment en levant des impôts, en établissant des taxes autrement qu'en vertu de la loi, contre la teneur expresse du serment qu'il avait prêté à son avènement au trône, conformément à l'article 53 de l'acte des Constitutions du 28 floréal an XII [...] ; qu'il a entrepris une suite de guerres en violation de l'article 50 de l'acte des Constitutions du 22 frimaire an VIII, qui veut que la déclaration de guerre soit proposée, discutée, décrétée et promulguée comme des lois [...] ; qu'il a constitutionnellement rendu plusieurs décrets portant peine de mort [...] ; qu'il a violé les lois constitutionnelles par ses décrets sur les prisons d'État ; qu'il a anéanti la responsabilité des ministres, confondu tous les pouvoirs et détruit l'indépendance des corps judiciaires ; considérant que la liberté de la presse, établie et consacrée comme l'un des droits de la nation, a été constamment soumise à la censure arbitraire de sa police et qu'en même temps il s'est toujours servi de la presse pour remplir la France et l'Europe de faits controuvés, de maximes fausses, de doctrines favorables au despotisme et d'outrages contre les gouvernements étrangers [...] le Sénat déclare et décrète ce qui suit : Article 1er : Napoléon

Bonaparte est déchu du trône et le droit d'hérédité établi dans sa famille est aboli[1]. »

Le Sénat avait-il le droit de prononcer la déchéance de Napoléon ? L'article 60 instituait dans son sein une commission de sept membres, dite de la liberté individuelle, chargée de prendre connaissance des arrestations effectuées « lorsque les personnes arrêtées n'ont pas été traduites devant les tribunaux dans les dix jours suivant leur arrestation ». Une seconde commission, dite de la liberté de la presse, veillait au respect de cette liberté.

Les sénateurs pouvaient en cas de violation répétée des libertés faire traduire le ministre ou tout autre agent de l'autorité devant la Haute Cour impériale, selon la procédure définie par les articles 112-117. Mais il n'était pas question de faire comparaître l'Empereur devant cette cour.

Gardien de la Constitution, le Sénat avait le pouvoir de dénoncer les entorses au droit commises par Napoléon. Encore, dans le texte des considérants, les termes étaient-ils vagues et les critiques bien tardives. Mais cela ne lui donnait pas le pouvoir de proclamer la déchéance de Napoléon.

La décision du Sénat parut d'autant plus odieuse que les violations de la Constitution s'étaient déroulées sous ses yeux sans protestation de sa part ; il les avait même approuvées dans le cas des levées d'hommes anticipées. De surcroît, comme le

1. Deslandres, *Histoire constitutionnelle de la France*, t. I, p. 627.

souligne un juriste, « des fautes gouvernementales même très graves, quand elles ne détruisent pas l'ordre social, ne rompent pas le contrat social[1] ». Certes, les défaites le mettaient en péril, mais la guerre, malgré la chute de Paris, n'était pas encore perdue le 3 avril. Napoléon conservait une armée puissante. Sa déchéance par le Sénat était, semble-t-il, illégale.

*
* *

Pour renforcer la décision que venait de prendre le Sénat, le gouvernement provisoire convoque, le 3 avril, le Corps législatif. Celui-ci s'était opposé, à la fin de 1813 et au début de 1814, à la continuation de la guerre, entrant en conflit avec l'Empereur. Cette volonté d'indépendance avait redoré le blason d'une assemblée jusqu'alors bien silencieuse. Soixante-dix-neuf députés sont réunis : ils votent à leur tour la déchéance de Napoléon, en l'absence de leur président, Regnier, qui, comme le président du Sénat, a suivi l'impératrice à Blois. Le motif invoqué pour proclamer cette déchéance : Napoléon a violé « le pacte constitutionnel ».

Mais le Corps législatif n'était nullement compétent. Il aurait pu formuler à la rigueur un vœu, mais rien dans la Constitution ne l'autorisait à déclarer « la déchéance de Napoléon Bonaparte ». Les décisions prises entre le 31 mars et le 3 avril

1. *Ibid.*, p. 643.

paraissent toutes illégales. Par la suite, Napoléon aura beau jeu lorsqu'il parlera de trahison.

Ne dénions pas, toutefois, un certain courage à Talleyrand. L'Empereur n'est pas encore vaincu. Il dispose d'une armée et ne reste pas inactif sur le plan diplomatique.

Établi à Fontainebleau, il a aussitôt envoyé Caulaincourt à Paris. Fort de l'amitié que lui porte Alexandre, Caulaincourt essaie de renouer le dialogue avec les Alliés. Il a raconté dans ses excellents *Mémoires* comment ses démarches furent finalement vaines. Il a beau rappeler au tsar que Talleyrand et ses ministres ne représentent qu'eux-mêmes, Alexandre redoute une régence où continuerait à s'exercer l'influence de Napoléon. Seule l'abdication de ce dernier et son départ de France pourraient assurer la paix, une paix à laquelle il aspire.

Mais Napoléon consentira-t-il à renoncer à la lutte, à s'éloigner ? Talleyrand ne le croit pas. Il est possible qu'il ait alors songé à faire assassiner l'Empereur. C'est ce qu'affirmera le marquis de Maubreuil, auquel Roux-Laborie, secrétaire général adjoint du gouvernement provisoire, aurait donné mission, le 3 avril, de tuer Napoléon.

*

* *

Le découragement de ce dernier après la chute de sa capitale est passé. Il est prêt à reprendre les hostilités. Dans la journée du 4, il donne l'ordre à la

Garde de quitter Fontainebleau : elle ira se placer derrière Marmont et Mortier sur l'Essonne. Macdonald et Oudinot feront mouvement à leur tour pour permettre à l'Empereur d'attaquer Paris avec 70 000 hommes. Le plan consiste à prendre l'ennemi entre une capitale qui se soulèvera et les forces de Napoléon. Plan difficile. Certains maréchaux protestent. Cette fronde détermine Napoléon à abdiquer en faveur de son fils. Abdication constitutionnelle, alors que la déchéance ne l'était pas. Mais ce coup de force des maréchaux (Ney en tête), sorte de 19 brumaire à l'envers dont le succès s'explique par l'usure physique et morale de l'Empereur, débouche sur une régence, solution écartée le 1er avril par le tsar.

Ce refus était-il définitif ? Alexandre reçoit les émissaires de Napoléon – Caulaincourt, Ney, Macdonald et Marmont – chez Talleyrand, le 5, à 2 heures du matin. Ébranlé, il déclare qu'il va en discuter avec ses alliés. Mais la défection du 6e corps du général Souham à Essonnes, dans des conditions restées confuses[1], donne l'impression que l'armée n'est plus unanime derrière l'Empereur. Celui-ci n'a plus de moyen de pression. Du coup, Alexandre écarte dans un premier temps l'abdication en faveur du roi de Rome, solution qui suscite sa méfiance.

Napoléon ne peut que difficilement reprendre le combat quand les maréchaux, et surtout Ney, font

1. Gérard Souham, dans *Le Général Souham* (1990), s'est efforcé de justifier le comportement du général.

preuve de mauvaise volonté. Ayant abdiqué, même conditionnellement, peut-il encore donner des ordres ? L'un des généraux, Lucotte, déclare : « Les premiers corps de l'État représentent aujourd'hui la France. Nous servirons la patrie sous tout gouvernement que la majorité de la nation adoptera[1]. » Ce n'est plus l'armée de Napoléon, mais celle de la nation. Le vieux langage républicain ressuscite.

*
* *

Le 6 avril, Napoléon tente une ultime fois de convaincre les maréchaux de continuer le combat. Il se heurte à un nouveau refus. « Vous voulez du repos. Eh bien ! ayez-en donc ! » Il rédige une nouvelle abdication : « Les puissances alliées ayant proclamé que l'empereur Napoléon était le seul obstacle au rétablissement de la paix en Europe, l'empereur Napoléon, fidèle à ses serments, déclare qu'il renonce pour lui et ses héritiers aux trônes de France et d'Italie, parce qu'il n'est aucun sacrifice personnel, même celui de la vie, qu'il ne soit prêt à faire à l'intérêt de la France. »

La voie est désormais libre pour le gouvernement provisoire. Le Conseil de régence, retiré à Blois, n'a plus d'existence : ceux qui ont suivi l'impératrice ont joué la mauvaise carte et s'empressent de rentrer à Paris. C'est à Rambouillet que Marie-

---

1. Houssaye, *1815*, p. 633.

Louise est « récupérée » par son père ; elle passera le Rhin le 2 mai.

Conclu le 11 avril 1814 entre « l'empereur Napoléon », l'Autriche, la Prusse et la Russie, le traité dit de Fontainebleau accorde à Napoléon la souveraineté de l'île d'Elbe.

L'article 1er rappelle : « L'empereur Napoléon renonce pour lui, ses successeurs et descendants, ainsi que pour chacun des membres de sa famille, à tout droit de souveraineté et de domination tant sur l'Empire français et le royaume d'Italie que sur tout autre pays. » Toutefois, par l'article 2 : « l'empereur Napoléon et l'impératrice Marie-Louise conserveront ces titres et qualités pour en jouir leur vie durant. La mère, les frères, les sœurs, neveux et nièces de l'Empereur conserveront également, partout où ils se trouveront, les titres de princes de sa famille. »

Le traité de Fontainebleau attribue, par l'article 3, l'île d'Elbe à Napoléon : « L'île d'Elbe, adoptée par SM l'empereur Napoléon pour le lieu de son séjour, formera, sa vie durant, une principauté séparée qui sera possédée par lui en toute souveraineté et propriété. Il sera donné en outre en toute propriété de l'empereur Napoléon un revenu annuel de deux millions de francs en rentes sur le Grand Livre de France dont un million réversible à l'impératrice. » L'article 5 fait un sort à l'héritier de Napoléon : « Les duchés de Parme, Plaisance et Guastalla seront donnés en toute propriété et souveraineté à SM l'impératrice Marie-Louise. Ils passeront à son fils et à sa descendance en ligne directe.

Le prince, son fils, prendra dès ce moment le titre de prince de Parme, Plaisance et Guastalla. »

La principauté de l'île d'Elbe était donnée à Napoléon seul, « sa vie durant ». Son fils n'en hériterait pas et deviendrait prince italien.

La dynastie des Bonaparte, appelée à régner sur la France selon la Constitution de l'an XII et le sacre du 2 décembre 1804, s'éteint donc. Napoléon, en signant le traité de Fontainebleau, « renonce pour lui et sa famille à toute prétention au trône[1] ».

Le gouvernement provisoire présidé par Talleyrand s'est empressé d'approuver ce traité : « Les puissances alliées ayant conclu un traité avec SM l'empereur Napoléon [le gouvernement provisoire oublie qu'il a déchu Napoléon et à tout le moins lui conserve son titre] et ce traité renfermant des dispositions à l'exécution desquelles le gouvernement français est dans le cas de prendre part, et les explications réciproques ayant eu lieu sur ce point, le gouvernement provisoire de la France, dans la vue de concourir efficacement à toutes les mesures qui sont adoptées, se fait un devoir de déclarer qu'il y adhère autant que besoin est, et garantit, en tout ce qui concerne la France, l'exécution des stipulations renfermées dans ce traité[2] », dont le revenu de deux millions.

En apparence, l'Empire reposait sur plusieurs légitimités. Napoléon s'était posé en héros providentiel, en sauveur seul capable de redresser une

1. Declercq, *Recueil des traités de la France*, t. II, p. 402.
2. *Ibid.*, p. 405.

situation désespérée. En 1814, cette légitimité se retourne contre lui. Il avait d'ailleurs vite compris qu'une telle légitimité ne pouvait assurer à son pouvoir une longue durée. Elle ne durait que le temps du redressement ; après, Cincinnatus devait retourner à sa charrue. Aussi Napoléon a-t-il cherché à s'appuyer sur la souveraineté populaire à travers le référendum. Toutes les Constitutions ont été soumises à des consultations transformées en plébiscites. Napoléon invoque le pacte qui le lie au peuple français, mais il n'ignore pas la fragilité de ce pacte et la versatilité de l'opinion. Dès 1804, il se comporte en monarque, l'égal des autres souverains de l'Europe. N'a-t-il pas épousé une Habsbourg ? À aucun moment, en 1814, il n'invoque la nécessité d'un référendum, au demeurant difficile à organiser.

Tant d'ambiguïtés entourent le pouvoir napoléonien qu'en définitive sa légitimité finit par ne reposer que sur la force. Napoléon abdique parce qu'il est vaincu.

CHAPITRE II

La restauration de la monarchie

La monarchie a été renversée en France le 10 août 1792, à la suite de l'assaut donné au palais des Tuileries par des habitants des faubourgs de Paris que renforçaient des fédérés brestois et marseillais.

L'Assemblée législative décréta, à la suite de l'invasion du château, la suspension du roi, mais non sa déchéance, laissant à une nouvelle assemblée le soin de « prononcer sur les mesures qu'elle croirait devoir adopter pour assurer la souveraineté du peuple et le règne de la liberté et de l'égalité ». La Constitution de 1791, qui avait établi en France une monarchie constitutionnelle, était abolie. À charge pour les nouveaux députés d'en rédiger une autre.

Élue au suffrage universel, mais dans des circonstances particulièrement troublées, la Convention vota à l'unanimité, lors de sa première séance, le 21 septembre 1792, l'abolition de la royauté. Le lendemain, sur proposition de Billaud-Varenne, elle décrétait que tous les actes publics seraient désormais datés de « l'an un de la République française », qui se trouvait proclamée par ce biais. Le 25, la Convention affirmait enfin : « La République française est une et indivisible. »

Mais selon les royalistes la monarchie continuait. Au soir du 21 janvier 1793, jour de l'exécution de Louis XVI, le dauphin devenait Louis XVII pour les partisans de la monarchie comme pour les cours de l'Europe. À l'annonce officielle de la mort de l'enfant roi, le 8 juin 1795, son oncle, le comte de Provence, prit le nom de Louis XVIII.

Les royalistes espéraient remporter les élections d'octobre 1795 qui suivirent la séparation de la Convention, mais leurs espoirs furent déçus par le décret des deux tiers qui imposait aux électeurs de prendre deux tiers des conventionnels sortants dans les conseils des Anciens et des Cinq-Cents. La protestation des sections parisiennes gagnées aux royalistes fut alors étouffée par les canons du jeune général Bonaparte, le 13 vendémiaire (5 octobre 1795).

Vainqueurs aux élections d'avril 1797, les contre-révolutionnaires furent écartés cette fois par un coup d'État, celui du 18 fructidor (4 septembre 1797). S'ils ont nourri l'espoir de voir le général Bonaparte, après Brumaire, se comporter en nouveau Monk, cet espoir a dû être rapidement abandonné. Le sacre de Napoléon, le 2 décembre 1804, à Notre-Dame, en présence du pape, annonçait l'avènement d'une nouvelle dynastie, celle des Bonaparte, à laquelle se rallièrent, sans trop d'états d'âme, surtout après le mariage de Napoléon avec une Habsbourg, de nombreux membres de l'ancienne noblesse.

Les Bourbons étaient condamnés. On devine l'heureuse surprise de Louis XVIII à l'annonce des défaites de Napoléon et des événements parisiens.

Il n'aurait pas dû être surpris s'il avait lu les *Considérations sur la France* qu'avait publiées en 1797 Joseph de Maistre. Dans son chapitre IX, il expliquait qu'il n'y aurait pas une contre-révolution populaire : « Le peuple n'est pour rien dans les révolutions, ou du moins il n'y entre que comme instrument passif. Quatre ou cinq personnes peut-être donneront un roi à la France. » C'était annoncer le rôle d'un Talleyrand ou d'un Bellart.

Les défaites de Napoléon n'impliquaient pas le rétablissement des Bourbons. Dès juillet 1813, Monsieur, frère du roi et comte d'Artois, s'était rendu avec le duc d'Angoulême à Kolberg pour tenter de rallier à la cause monarchiste l'état-major des puissances alliées. Ce fut un échec. Pourtant, en janvier 1814, le gouvernement anglais autorisa le comte d'Artois à se rendre en Hollande puis en Suisse. Il arriva à Bâle le 8 février et de là gagna la Franche-Comté. Le 21 février, il était à Vesoul.

*
* *

Les premières proclamations de Monsieur insistaient sur les aspects négatifs de l'Empire : la tyrannie, la guerre, le poids des impôts. Le comte d'Artois annonçait : « Le rétablissement de la royauté ne sera pour la France que l'heureuse transition des calamités d'une guerre que perpétue la tyrannie aux bienfaits d'une paix solide. » Quelques monarchistes, dont Terrier de Monciel, s'efforcèrent de l'aider.

Cependant, les Alliés se méfiaient de lui et tentaient de l'isoler. Le comte d'Artois gagna finalement Nancy sur la suggestion de Rochechouart, un émigré devenu aide de camp du tsar. Mais il ne put ni lancer de manifestes ni tenter de lever une armée. Nancy restait au demeurant imperméable à la propagande royaliste. Monsieur était réduit à l'impuissance.

Ce fut de Bordeaux – et non de Vendée – que vint l'espoir. Le port avait beaucoup souffert du Blocus continental, et les royalistes y avaient mis sur pied une organisation qui bénéficiait de la complicité du maire, Lynch. Apprenant l'arrivée des troupes de Wellington, le 12 mars, Lynch se porta au-devant du général Beresford, lui remit les clefs de la ville et fit hisser sur tous les monuments le drapeau blanc aux cris de « Vive le roi ! Vivent les Bourbons ! » À 15 heures le duc d'Angoulême était accueilli avec enthousiasme dans la ville. Un gouvernement fut esquissé autour du fils du comte d'Artois [1].

Le retentissement de cet événement fut considérable. La province, pour la première fois depuis 1789, devançait Paris. Napoléon ne s'y trompa pas

1. Ponteil, *La Chute de Napoléon Ier*, p. 110 ; Bertier de Sauvigny, *La Restauration*, p. 93.

lorsqu'il ordonna, dès qu'il eut connaissance de l'événement, un châtiment exemplaire de la ville rebelle. Mais en vain. De son côté Talleyrand notait : « Si la paix ne se fait pas, Bordeaux devient quelque chose de bien important. »

Paris suivra, mais après l'entrée des Alliés, et on feindra d'ignorer dans la capitale le coup d'éclat de Bordeaux. Pour Chateaubriand, par exemple, c'est sa brochure, *De Buonaparte et des Bourbons*, publiée à Paris, le 5 avril, qui a fait « pencher la balance ». C'est à Paris que tout se joue en effet lorsque, le 6 avril, le Sénat appelle « librement » à être « roi des Français », du vœu de la nation, Louis Stanislas-Xavier de Bourbon. Mais le Sénat n'est pas l'élu de la nation et ne peut s'en faire l'interprète. De plus, se prononce-t-il « librement » ?

*
* *

Reste à faire passer cette proclamation dans les textes. Le 1er avril, Talleyrand avait déclaré que l'un des premiers soins du gouvernement provisoire serait la rédaction d'un projet de Constitution. Tout fut terminé le 6 avril. Deux tendances s'étaient opposées. Pour Lambrechts, la Constitution avait à appeler le prétendant au trône et à lui imposer certaines conditions garantissant les conquêtes idéologiques et sociales de la Révolution ; pour l'abbé de Montesquiou, Louis XVIII n'avait pas à recevoir la couronne de la nation française, il la possédait en tant qu'héritier de Louis XVII. C'était à lui de définir les conditions du rétablissement de la monarchie, non au Sénat.

La Constitution du 6 avril ne tint pas compte des objections de Montesquiou. Il était dit que « le peuple français appelle librement au trône de France Louis-Stanislas-Xavier de France, frère du dernier roi, et, après lui, les autres membres de la maison de Bourbon dans l'ordre ancien ». Le roi exerçait le pouvoir exécutif et partageait la fonction législative avec le Sénat et le Corps législatif. L'indépendance des juges était garantie.

Dans ses grandes lignes, la Constitution sénatoriale n'était pas mauvaise. Elle instituait une monarchie constitutionnelle, écartant d'un côté l'anarchie et de l'autre, l'absolutisme. Certes, le pouvoir constituant du Sénat, à qui revenait la paternité de cette Constitution, n'était pas évident, mais les circonstances pouvaient justifier ce pouvoir.

Malheureusement pour eux, les auteurs de la Constitution commirent une erreur qui fut fatale au projet : les membres du Sénat impérial, du moins ceux qui resteraient français après le démembrement du Grand Empire, devaient obligatoirement faire partie de la nouvelle assemblée, et la dotation du Sénat ainsi que les bénéfices des sénatoreries leur étaient conservés. Ce fut un concert de protestations.

Le comte d'Artois, en route pour Paris, où il comptait entrer en lieutenant général en vertu des lettres patentes de Louis XVIII, dissimula fort mal son indignation. Il eut l'habileté de faire porter ses critiques sur des symboles plutôt que sur les principes; ainsi la cocarde tricolore que proposait le Sénat. Il réclama la cocarde blanche, et le gouvernement provisoire céda.

*
* *

Le 12 avril, le comte d'Artois entrait dans Paris. Il sut séduire par sa prestance et sa simplicité. Beugnot lui souffla un mot qui fit impression : « Rien n'est changé en France, si ce n'est qu'il s'y trouve un Français de plus. »

Mais il ne pouvait tenir son autorité du roi tant que celui-ci n'avait pas accepté la Constitution. Dans ces conditions, quel titre lui donner? Fouché, arrivé trop tard d'Italie pour jouer un rôle décisif, eut l'idée de faire conférer au comte d'Artois par le Sénat le titre de lieutenant général. Sous la pression du tsar, Monsieur dut accepter. Le 14 avril, le Sénat, sur proposition de Jaucourt, confiait « le gouvernement de la France au comte d'Artois au titre de lieutenant général du royaume [...] en attendant que Louis-Stanislas-Xavier de France, appelé au trône des Français, ait accepté la Constitution ».

Talleyrand fit connaître cette décision au comte d'Artois dans un discours qui mettait en relief le pouvoir du Sénat. « Monseigneur, disait-il, le Sénat apporte à Votre Altesse royale l'hommage de son respectueux dévouement. Il a provoqué le retour de votre auguste Maison au trône de France. Trop instruit par le passé, il désire affermir pour jamais l'autorité royale sur une juste division des pouvoirs et sur la liberté publique, seules garanties du bonheur et des intérêts de tous[1]. »

Dans ce discours, Talleyrand affirmait les droits du Sénat présenté comme le restaurateur du roi. Il niait en conséquence le droit divin et exaltait la souveraineté nationale. Le Sénat devenait le rempart des conquêtes de la Révolution et de tous ceux qui en avaient profité.

En acceptant le titre de lieutenant général de l'autorité du Sénat, le comte d'Artois tombait dans le piège tendu par Fouché. Il reconnaissait au Sénat le droit de rédiger et d'imposer au roi une Constitution. Bien conseillé, le comte d'Artois sut déjouer ce piège. Il répondit à Talleyrand : « Je n'ai point reçu du roi, mon auguste frère, le pouvoir d'accepter la Constitution, mais je connais ses sentiments et ses principes, et je ne crains pas d'être désavoué en assurant en son nom qu'il en admettra les bases. » Monsieur se gardait d'une acceptation pure et simple de la Constitution sénatoriale, mais sans fermer la porte. Il était servi par la faiblesse des corps qu'il avait en face de lui : un Sénat discrédité par sa volte-face, des députés qui ne représentaient rien et un gouvernement provisoire sans véritable légitimité.

Placé à la tête du gouvernement comme lieutenant général du royaume, Monsieur garda le gouvernement provisoire mais le flanqua d'un conseil intime qui seul avait sa confiance. Parallèlement, il fit surveiller l'administration par des commissaires

1. Deslandres, *op. cit.*, p. 655.

extraordinaires. Prudence inutile, les ralliements allant bon train.

*
* *

L'avenir dépendait du comportement du roi. C'est un Louis XVIII transformé qui rentra en France. Rien à voir avec celui de la proclamation de Vérone en 1795, où il promettait un retour à l'Ancien Régime et des châtiments exemplaires pour les révolutionnaires, rien à voir non plus avec celui de la lettre à Saint-Priest : « Si je suis un jour roi de fait comme je le suis de droit, je veux l'être par la grâce de Dieu[1]. » Sa mauvaise santé et son scepticisme naturel l'avaient rendu sage.

Dès son arrivée à Compiègne, il sut à la fois se comporter en chef d'une maison royale considérée comme l'une des plus anciennes d'Europe et en auditeur bienveillant des propos de Talleyrand et des discours des délégués du Corps législatif qui lui vantaient les vertus d'une monarchie constitutionnelle.

Mais déjà les auteurs de la restauration de Louis XVIII battaient en retraite : ils se déclaraient prêts à revenir sur le texte constitutionnel du 6 avril, n'osaient plus parler de le soumettre à un référendum et n'invoquaient plus la nécessité d'un serment prêté par le roi.

---

1. À un interlocuteur qui lui dit : « Sire, vous êtes roi de France », il répond : « Est-ce que j'ai jamais cessé de l'être ? » (Duc de Castries, *Louis XVIII*, p. 212).

Le 2 mai 1814, à Saint-Ouen, vingt-quatre heures avant son entrée dans la capitale, Louis XVIII fit enfin connaître ses intentions : il acceptait une Constitution établissant un gouvernement représentatif avec deux chambres et respectant les principales libertés. La vente des biens nationaux était déclarée irrévocable et il n'était nullement question de rétablir les droits féodaux. Pensions et honneurs étaient garantis. Ainsi Louis XVIII reconnaissait-il les conquêtes de la Révolution, mais il le faisait au nom de son bon plaisir.

Le roi s'efforça de mêler dans le nouveau gouvernement absolutistes et libéraux. Talleyrand en fut la figure de proue, et Blacas, la caution des émigrés.

Trop discréditée, la Constitution sénatoriale céda la place à une charte (le roi avait tenu à ce terme un peu anachronique de préférence à celui de Constitution). Rapidement élaborée par une commission de 21 membres, la Charte respecta le programme de Saint-Ouen : deux chambres, mais l'initiative des lois est réservée au roi qui nomme les pairs et peut dissoudre la Chambre des députés élue au régime censitaire, c'est-à-dire par les électeurs payant un certain taux d'impôt.

L'ambiguïté subsistait quant à l'établissement d'un régime parlementaire. L'article 13 de la Charte disait : « Les ministres sont responsables », sans préciser devant qui et de quoi.

Une fois la Charte promulguée, le 4 juin, après avoir été « octroyée » (elle n'était donc que le fruit du bon vouloir du roi), Louis XVIII nomma les pairs : 84 anciens sénateurs (mais ni Fouché, ni Cambacérès, ni Sieyès, ni Grégoire, trop marqués par leur passé révolutionnaire) contre 70 nouveaux venus représentant les plus illustres familles (Noailles, La Force, La Rochefoucauld, Maillé...). Les maréchaux furent ménagés puisque entraient à la Chambre des pairs Berthier, Ney, Marmont, Macdonald, Suchet, Augereau, Mortier, Moncey, Gouvion-Saint-Cyr, Lefebvre...

Transformé en Chambre des députés, le Corps législatif ne perdit que les représentants des départements qui cessèrent d'être français. L'article 75 de la Charte prévut que les députés qui siégeaient au Corps législatif lors du dernier renouvellement continueraient de « siéger à la Chambre des députés jusqu'au remplacement ». C'était remettre à plus tard des élections incertaines et récompenser les députés pour leur ralliement à la monarchie.

En définitive, on s'aperçut que cette Charte encombrée d'archaïsmes était plus libérale que les Constitutions napoléoniennes et plus pratique que celle de 1791. Mais il lui manquait un principe fort auquel se raccrocher. Ceux qui l'avaient rédigée n'avaient pas mandat pour le faire et elle ne fut pas soumise à un référendum. Elle ne venait pas du peuple. Mais, d'un autre côté, elle excluait le droit divin (malgré une allusion à « la divine Providence »), fondement de l'ancienne monarchie. L'établissement d'un régime censitaire écartait une partie de la population du jeu politique. Un jeu que les nombreuses tractations et les multiples reniements du personnel de l'époque avaient contribué à discréditer. On ne savait plus qui croire ni à qui obéir après la confusion qui avait régné en mars et au début d'avril. Ce désarroi pèsera lourd un an plus tard.

CHAPITRE III

La monarchie en échec

On espérait la fin d'une guerre commencée en 1789 et l'on comptait sur le roi pour opérer une réconciliation nationale.

Louis XVIII avait beaucoup changé depuis 1795, ce qu'avait confirmé le préambule de la Charte, dissipant peurs et appréhensions parmi les régicides et les acquéreurs de biens nationaux.

Mais le roi pouvait-il éviter une épuration des administrations peuplées d'anciens révolutionnaires et de partisans de Napoléon ? On l'en priait du côté de ses fidèles, d'une manière qui n'était pas toujours désintéressée car les places en vue étaient convoitées. L'argument avancé était qu'il fallait au roi des fonctionnaires qui lui soient attachés. Louis XVIII souhaitait garder, même s'il s'agissait de créations napoléoniennes, des institutions qui avaient fait leurs preuves. Mais les hommes ? Pouvait-on conserver les conventionnels régicides ? Certes, Louis XVIII leur devait d'être roi puisqu'ils avaient facilité son accès au trône en envoyant son frère à l'échafaud puis en abandonnant Napoléon pour se rallier à lui.

Les convenances imposaient pourtant de les écarter du corps préfectoral (un régicide représentant du roi dans un département, l'idée choquait) et des grands corps de l'État. Cette épuration s'opéra en douceur.

Malgré ses efforts, Jean de Bry, préfet du Doubs, fut remplacé, le 28 avril 1814, par le comte de Scey. Il avait voté la mort de Louis XVI, ce qui rendait son maintien impossible. La décision lui fut toutefois présentée avec ménagement : « Vous ne devez pas regarder la nomination de M. le comte de Scey comme un motif de découragement[1]. »

Autre régicide, Thibaudeau prévient sa révocation en offrant sa démission. « Sans hésiter, explique-t-il dans ses *Mémoires*, j'avais pris mon parti. Une voix secrète me disait : quand tu pourrais te résoudre à crier aujourd'hui : "Vive le roi !" après avoir crié pendant vingt ans : "Vive la République !" puis "Vive l'Empereur !", à quoi te servirait ta subite conversion ? N'as-tu pas été membre de cette Convention qui a aboli la royauté et condamné le roi ? Si tu pouvais un seul moment l'oublier, crois-tu que les Bourbons ne s'en souviendraient pas ? Ne lutte point contre la Fortune. Ton destin s'accomplit. Sache le supporter avec courage et dignité[2]. »

---

1. L. Pingaud, *Jean de Bry*, p. 356.
2. Thibaudeau, *Mémoires*, p. 383.

*
* *

Quand un préfet trop marqué essaya de se maintenir, il se heurta à des manifestations d'hostilité de ses administrés : ce fut le cas de Texier-Olivier à Limoges, qui finalement renonça à sa préfecture.

Mais l'épuration du corps préfectoral n'eut pas l'ampleur que l'on pouvait craindre, ainsi que le montre ce tableau département par département :

AIN. Rivet laisse la place à Capelle le 10 juin 1814, pour passer dans la Dordogne.

AISNE. Malouet reste en place.

ALLIER. Pougeard de Limbert est remplacé, le 10 juin 1814, par Lambert de Frondeville.

ALPES (BASSES-). Duval reste en place.

ALPES (HAUTES-). Harmand d'Abancourt est conservé.

ARDÈCHE. Chaillou est remplacé par d'Indy le 10 juin 1814.

ARDENNES. Frain de La Touche cède la préfecture à Roussy de Sales le 10 juin 1814.

ARIÈGE. Chassepot de Chaplaine est remplacé par Nicolaï le 10 juin 1814.

AUBE. Roederer, nommé le 24 février 1814, s'efface le 2 mai devant Dupleix de Mézy.

AUDE. Trouvé reste en place.

AVEYRON. Girod de Vienney abandonne sa préfecture à Bessières le 15 juillet 1814.

BOUCHES-DU-RHÔNE. Thibaudeau s'efface devant Albertas, le 10 juin 1814, après le refus de Siméon.

CALVADOS. Méchin est remplacé par Séguier de Saint-Brisson le 3 novembre 1814.

CANTAL. Sabatier est maintenu.

CHARENTE. Boissy d'Anglas est remplacé par Milon de Mesne le 10 juin 1814.

CHARENTE-INFÉRIEURE. Richard cède la préfecture à Arbaud-Jouques le 22 août 1814.

CHER. Didelot est maintenu.

CORRÈZE. Périer est maintenu.

CORSE. Giubega, nommé le 15 mars 1814, est remplacé le 3 septembre par Bourcier de Montureux.

CÔTE-D'OR. Cossé-Brissac cède la place à Terray de Rosières le 11 juin 1814.

CÔTES-DU-NORD. Après un intérim de Huchet de Cintré, Boullé est remplacé par Goyon le 10 juin 1814.

CREUSE. Camus du Martroy abandonne la préfecture à Alexandre d'Allonville le 22 avril 1814.

DORDOGNE. Maurice est remplacé le 10 juin 1814 par Rivet, qui était préfet de l'Ain.

DOUBS. Jean de Bry se retire au profit de De Scey le 28 avril 1814.

DRÔME. Descorches de Sainte-Croix reste en place.

EURE. Cassagnes de Beaufort cède la place à Choiseul d'Aillecourt le 21 avril 1814.

EURE-ET-LOIR. Rouillé d'Orfeuil reste en place.

FINISTÈRE. Abrial est remplacé par Conen de Saint-Luc le 10 juin 1814.

GARD. Rolland de Villarceaux reste en place.

GARONNE (HAUTE-). Hersant-Destouches est remplacé par Beaupoil de Saint-Aulaire le 13 octobre 1814. Il passe en Indre-et-Loire.

GERS. Bessières, remplacé par Laffite de Montagut le 15 juillet 1814, passe dans l'Aveyron.

GIRONDE. Bruslé de Valsuzenay, nommé le 14 avril 1813, est, après les intérims de Lynch et Lainé, maintenu le 11 juin 1814.

HÉRAULT. Aubernon est maintenu.

ILLE-ET-VILAINE. Bonnaire reste en place ; remplacé le 26 janvier 1815 par Le Pileur de Brévannes.

INDRE. Le 7 novembre 1814, Prouveur de Pont de Grouard s'efface devant Dessolle.

INDRE-ET-LOIRE. Kergariou est remplacé par Hersant-Destouches le 13 octobre 1814.

ISÈRE. Fourier ne bouge pas.

JURA. Bergognié cède la place à Vaulchier du Deschaux le 10 mai 1814.

LANDES. Angosse est remplacé le 10 juin 1814 par Carrère de Loubère.

LOIR-ET-CHER. Cristiani de Ravaran est maintenu.

LOIRE. Barthelot de Rambuteau reste en place.

LOIRE (HAUTE-). Cahouet est remplacé par Sartiges le 16 juin 1814.

LOIRE-INFÉRIEURE. Barante est maintenu.

LOIRET. Pieyre est remplacé le 22 avril 1814 par Alexandre de Talleyrand-Périgord.

LOT. Petit de Beauverger est maintenu.

LOT-ET-GARONNE. Villeneuve-Bargemon est maintenu.

LOZÈRE. Gamot est remplacé par Joseph de Barrin le 10 juin 1814.

MAINE-ET-LOIRE. Hély d'Oissel cède la préfecture à Clerel de Tocqueville le 18 juin 1814.

MANCHE. Bossi est maintenu.

MARNE. Bourgeois de Jessaint est maintenu.

MARNE (HAUTE-). Jerphanion est maintenu.

MAYENNE. Viefville des Essarts est remplacé le 16 juin 1814 par Marnière de Guer.

MEURTHE. Villot de Fréville est remplacé par Mique le 2 mai 1814.

MEUSE. Beaupoil de Saint-Aulaire cède la préfecture à Jean de Vaines pour prendre celle de Haute-Garonne.

MORBIHAN. Jullien de Bidon est remplacé par Lagrange Gourdon de Floirac le 8 juillet 1815.

MOSELLE. Viénot de Vaublanc est maintenu.

NIÈVRE. Fiévée est maintenu.

NORD. Beugnot, devenu ministre, est remplacé par Siméon le 2 mai 1814.

OISE. Regnier est maintenu.

ORNE. Lamagdelaine est remplacé par Riccé le 21 avril 1814.

PAS-DE-CALAIS. La Chaise reste à la préfecture.

PUY-DE-DÔME. Contades est remplacé par Reynaud de Boulogne de Lascours le 3 novembre 1814.

PYRÉNÉES (BASSES-). Vanssay est remplacé par Antin d'Ars le 10 juin 1814.

PYRÉNÉES (HAUTES-). Arbaud-Jouques est remplacé par Villeneuve le 22 août 1814 et passe dans la Charente-Inférieure.

PYRÉNÉES-ORIENTALES. Duhamel est maintenu.

RHIN (BAS-). Lezay-Marnesia, mort le 9 octobre 1814, est remplacé par Kergariou, qui était préfet d'Indre-et-Loire.

RHIN (HAUT-). Baude de La Vieuville est maintenu.

RHÔNE. Taillepied de Bondy abandonne la préfecture à Chabrol de Crouzol le 22 novembre 1814.

SAÔNE (HAUTE-). Flavigny est maintenu.

SAÔNE-ET-LOIRE. Roujoux de Buxeuil est remplacé le 18 juin par Germain de Montforton.

SARTHE. Derville-Maléchard est remplacé par Pasquier le 22 avril 1814.

SAVOIE. Finot est maintenu.

SEINE. Chabrol est maintenu.

SEINE-INFÉRIEURE. Girardin est maintenu.

SEINE-ET-MARNE. Godard d'Aucour de Plancy est maintenu.

SEINE-ET-OISE. Delaître est maintenu.

SÈVRES (DEUX-). Busche est maintenu.

SOMME. La Tour du Pin-Gouvernet est remplacé par Lameth le 15 juillet 1814.

TARN. Baude cède la préfecture à Blocquel de Croix de Wismes le 10 juin 1814.

TARN-ET-GARONNE. Bouvier du Molart est remplacé par Villeneuve le 3 mai 1814. Villeneuve passe le 22 août dans les Hautes-Pyrénées. Villeneuve-Bargemon (Jean-Paul Alban de) lui succède le 3 juillet.

VAR. Le Roy de Boisaumarié est remplacé par Bouthillier-Chavigny le 16 juin 1814.

VAUCLUSE. Rouen des Mallets est maintenu.

VENDÉE. Basset de Châteaubourg est remplacé le 10 juin 1814 par Frémin de Beaumont.

VIENNE. Mallarmé est maintenu.

VIENNE (HAUTE-). Texier-Olivier doit se retirer au profit de René de Brosses le 10 juin 1814.

VOSGES. Himbert de Flégny, prisonnier des Russes, doit être remplacé par Guyon de Montlivaut le 2 mai 1814.

YONNE. Defermon est remplacé par Gamot, qui venait de la Lozère, le 10 juin 1814.

Au total 36 préfets sur 87 ont été maintenus dans leur département et 7 ont changé de préfecture[1].

*
* *

Il était en revanche difficile de ne pas épurer en profondeur la police. Au ministère, Savary avait compris de lui-même qu'il devait quitter ses fonctions. De l'affaire du duc d'Enghien à la persécution de Mme de Staël, il avait donné trop de gages au régime tombé. Mais la situation du préfet de police était plus ambiguë. D'un côté, Pasquier, trahissant ouvertement Napoléon, avait apporté un soutien inconditionnel aux intrigues de Talleyrand ; de l'autre, les émigrés ne lui pardonnaient pas ses critiques à l'égard de ceux qui avaient choisi la voie de l'exil au lieu de préparer en France le retour de la monarchie.

Déjà le personnel de la préfecture de police était passé dans l'autre camp. Le secrétaire général Piis avait renoué avec le comte d'Artois, dont il avait été l'écuyer sous l'Ancien Régime, tandis que l'ins-

1. D'après *Les Préfets. Répertoires nominatif et territorial.*

pecteur général Veyrat prenait la tête d'une police parallèle au service du frère du roi.

Les critiques se multipliaient contre Pasquier. Pourquoi, par exemple, n'avait-il pas étouffé le scandale provoqué par le marquis de Maubreuil affirmant que Talleyrand lui avait offert de l'argent pour assassiner Napoléon ? Pourquoi ne réprimait-il pas les manifestations d'ouvriers sans travail ? Finalement, le comte d'Artois obtint le renvoi de Pasquier. Mais, encore une fois, on y mit les formes. Pasquier raconte dans ses *Mémoires* que, se rendant aux Tuileries le 13 mai, il rencontre Blacas, favori du roi : « Eh bien ! Monsieur Pasquier, j'ai à vous annoncer un changement qui a été jugé convenable [toujours ce mot pour justifier l'épuration de l'administration] mais dans lequel le roi tient surtout à ce que vous ne voyiez pas la moindre marque de défaveur de sa part [ce sont des termes voisins de ceux qui ont servi pour écarter Jean de Bry de la préfecture du Doubs]. Dans l'organisation ministérielle arrêtée, vous ne conservez pas la police. » Puis Blacas ajoute, sans permettre à Pasquier de prendre la parole : « Sa Majesté m'a chargé de vous demander quelle était la place qui pouvait le mieux vous convenir. Elle vous sera donnée sur-le-champ. » Pasquier indiqua la Direction générale des ponts et chaussées, qu'il obtint[1].

La police fut en effet réorganisée : le ministère de la Police générale était remplacé le 16 mai par

1. Outre les *Mémoires* de Pasquier, *cf.* J. Tulard, *Paris et son administration*, p. 366.

une Direction générale de la police à laquelle une ordonnance royale rattacha la préfecture de police. Beugnot (qui avait espéré mieux) en reçut la responsabilité avec pour secrétaire général Saulnier, déjà en place sous Fouché comme secrétaire général du ministère. Piis, secrétaire général adjoint de la Direction, dirigeait la police de Paris. Si Desmarest, chef de la police secrète au ministère, fut écarté de la Direction générale de la police, Boucheseiche, son *alter ego* à la préfecture, et Henry, chef de la deuxième division spécialisée dans la chasse aux criminels et ancien de la lieutenance générale, furent maintenus dans leurs fonctions mais réduits à un rôle subalterne, la préfecture ayant perdu son autonomie.

L'épuration épargna les bureaux pour mieux frapper les services actifs : 17 commissaires sur 48 furent écartés. Parmi les nouveaux nommés figurait Dossonville, ancien officier de paix, qui avait dirigé sous le Directoire une contre-police royaliste. Sa nomination fut mal accueillie dans les services. En revanche, Veyrat, malgré l'appui du comte d'Artois, ne put se maintenir.

Même limitée, cette épuration laissa des traces. La police parut se démotiver et perdit de l'efficacité qui avait été la sienne sous Napoléon.

*

* *

Était également visé par les critiques des royalistes le Conseil d'État. Talleyrand en recommandait la suppression. Il considérait que les attributions du Conseil devaient passer à la Cour de cassation. Il déclarait à Vitrolles : « Voyez, vous n'avez qu'une chose à faire pour bien servir le roi, c'est une ordonnance. Article unique : considérant qu'il n'y a plus de biens nationaux, le Conseil d'État est et demeure supprimé. Après cela, vous ferez tout ce que vous voudrez. Vous rétablirez même les jésuites si cela vous plaît[1]. »

Mais pouvait-on supprimer le Conseil d'État d'un trait de plume, même si, dans son *État de la France sous la domination de Napoléon Bonaparte*, Pichon dépeignait le Conseil d'État comme l'instrument le plus actif de la tyrannie ? Certes, il avait montré en avril 1814 une certaine réserve. Les premières adhésions au gouvernement provisoire avaient été individuelles : l'ancien préfet de police, Dubois, le directeur général des Mines, Laumond, et deux collaborateurs de Talleyrand aux Affaires étrangères, Hauterive et La Besnardière. C'est ce qui explique le mouvement d'humeur de Talleyrand contre le Conseil. Par la suite, le 11 avril, la plupart des présidents de section avaient adhéré à « toutes les mesures, à tous les actes par lesquels le Sénat et le gouvernement ont préparé la régénération et le repos de la France ». Ce même 11 avril avait été effectuée une démarche collective de 17 conseillers, 15 maîtres des requêtes et 11 auditeurs, dont Stendhal[2]. La Charte ne mentionna pas

1. *Mémoires* de Vitrolles cités par Durand, *La Fin du Conseil d'État napoléonien*, p. 66.
2. Durand, *op. cit.*, p. 47 et suiv.

le Conseil d'État, institution napoléonienne par excellence, mais, confiant au roi l'initiative exclusive des lois, elle supposait l'existence d'un conseil aux côtés du monarque.

Le 29 juin 1814, un nouveau Conseil d'État était créé. « Conseil privé ou des parties » – comme sous l'Ancien Régime –, il comprenait des conseillers et des maîtres des requêtes mais pas d'auditeurs. Le Conseil d'État napoléonien ayant disparu, il appartenait au roi de nommer de nouveaux conseillers, moyen commode pour éliminer sans heurts ceux de l'époque précédente trop compromis avec le régime déchu.

Seize conseillers ne furent pas repris : Berlier, Thibaudeau et Quinette, conventionnels régicides; Réal, qui avait appartenu à la Commune hébertiste; l'ancien préfet de police, Dubois, qui avait été pourtant parmi les premiers à adhérer à la restauration mais qui payait sa traque trop efficace des comploteurs royalistes; Boulay, Regnaud de Saint-Jean-d'Angély, Defermon, Lacuée, Jollivet, Dauchy, Pommereul, Miot, Maret, Jaubert et Lavalette, qu'une réputation de trop grand dévouement à Napoléon rendait suspects.

Parmi les maîtres des requêtes écartés, on relevait des proches de Napoléon comme Fain ou Lelorgne d'Ideville, mais aussi de hauts fonctionnaires comme Coquebert de Montbret ou d'Alphonse.

Étaient appelés au nouveau Conseil beaucoup de revenants, anciens conseillers au parlement de Paris comme Doutremont ou Dupont, anciens intendants à l'exemple de Balainvilliers et de La Bourdonnaye de Blossac, ou encore maîtres des requêtes de l'hôtel à l'instar de Lambert.

Ce retour de l'Ancien Régime au détriment des hommes de la Révolution et de l'Empire suscita des inquiétudes et brouilla l'image du Conseil, même s'il était justifié par « les convenances » et s'il n'eut pas de conséquences sur la marche des affaires.

Il était difficile de maintenir Merlin de Douai, régicide et révolutionnaire, inspirateur de la loi des suspects, comme procureur *du roi* à la Cour de cassation, qui fut également touchée au nom des « convenances » par l'épuration.

Moins en vue, la Cour des comptes fut épargnée. Louis XVIII, par son ordonnance du 27 février 1815, confirma dans leurs fonctions tous les magistrats de la Cour[1].

*

* *

En définitive, les exclusions furent limitées. Cette modération trouvait son explication dans une volonté de réconciliation mais aussi dans le ralliement général des fonctionnaires à la monarchie, ralliement facilité par l'abdication de Napoléon délivrant les agents de l'État de leur serment de fidélité.

---

1. Todisco, *Le Personnel de la Cour des comptes*, p. 38.

Restait l'armée. Nous connaissons mal les sentiments des simples soldats. Les Mémoires, ceux du lieutenant Chevalier notamment, nous éclairent surtout sur les vieux soldats, les grognards, les vétérans de la Grande Armée. L'abdication de l'Empereur déclencha larmes et abattement : « C'en est fait, cette idole de la gloire française, ce demi-dieu des batailles, le premier capitaine du monde vient de nous faire ses adieux, nous avons perdu tout notre avenir... Adieu, immortel Napoléon[1] ! »

La démobilisation déconcerta ces braves habitués au feu du canon. Même ceux qui y échappèrent étaient déroutés : « Plus de guerre pour des soldats, c'est comme des ouvriers qui n'ont plus d'ouvrage. Nous voilà en route comme de bons bourgeois. Nous marchions, tristes, silencieux et résignés, comme des demoiselles. » Moins heureux que Chevalier, Coignet est démobilisé : « Le gouvernement nous renvoya planter des choux dans nos départements avec cette petite solde, 73 francs par mois, et un domestique. Il fallut se résigner. Je vendis deux de mes chevaux et gardai mon cheval blanc arabe. [...] Je partis pour Auxerre, chef-lieu de mon département. Je végétai dans cette ville toute l'année 1814[2]. » En revanche, pour les conscrits de 1813, les « Marie-Louise », la fin de la guerre n'était pas une mauvaise chose. Elle permettait de retrouver la famille, la fiancée, la ferme.

1. Chevalier, *Souvenirs*, p. 305.
2. Coignet, *Cahiers*, éd. Mistler, p. 279.

*

* *

Mais c'est parfois un spectacle de désolation qui s'offre à eux. La France a été envahie ; elle a souffert des opérations militaires dans le Sud-Ouest, autour de Toulouse, et surtout en Franche-Comté, dans la région de Besançon. La traversée de cette province par les troupes alliées s'est accompagnée de pillages et de vexations dont se plaint le sous-préfet de Baume-les-Dames : « Vos détachements nombreux ont réquisitionné, ont emporté une partie du strict nécessaire des malheureux habitants. Vos troupes qui passent journellement consomment le surplus, de manière que, pour peu que cela dure, il ne nous restera plus que les yeux pour pleurer. »

Les Alliés ont poussé jusqu'en Bourgogne. Là encore, pillages, viols, réquisitions, destructions ont exaspéré les habitants. C'est dans l'Est, surtout en Alsace, où ont sévi les Austro-Bavarois au sud et les Russes au nord, que souffrances et dégâts ont été les plus grands. À la guerre et à son long cortège d'exactions s'ajoute le typhus qui se répand à partir des hôpitaux militaires. La haine reste grande contre l'envahisseur et surtout contre le Badois. Les Alliés ne se déplacent qu'en groupe. Malheur au soldat isolé ! Metz est une ville encombrée de blessés et de malades du typhus où le sentiment patriotique s'exacerbe. De même Nancy, ville ouverte. Autre terre d'invasion : le Nord. Les exigences des vainqueurs provoquent rixes et attentats.

Du coup sont oubliées la conscription, les privations imposées par le Blocus continental, la crise économique de 1812. Un patriotisme blessé se retourne contre les Bourbons dont la restauration est liée dans les esprits à l'invasion. Le traité de Paris, signé par Talleyrand le 30 mai et qui abandonne aux Alliés cinquante-trois places fortes avec leur matériel, est ressenti comme une humiliation supplémentaire. On jugea que ce traité était le moyen pour les Bourbons de remercier les Alliés. Il fit de Louis XVIII, aux yeux d'une opinion prompte à s'enflammer et que travaillait une discrète propagande libérale et bonapartiste, « un roi ramené dans les fourgons de l'étranger ».

Il y avait au demeurant une France royaliste. À Bordeaux, le duc d'Angoulême, grâce au maire, avait été accueilli aux cris de « Vive le roi ! ». Bordeaux avait, il est vrai, beaucoup souffert du Blocus continental. Le 12 avril, à Toulouse, les cris de « Vive Louis XVIII ! » saluaient l'entrée des Alliés dans la ville. Le duc d'Angoulême y était reçu triomphalement le 27. À Marseille, le 14 avril, la préfecture était prise d'assaut et une statue de Napoléon renversée. L'amiral Ganteaume était menacé : « *Troun de Diou, crida vive lou re !* » – et Ganteaume de s'exécuter. La flotte anglaise, qui croisait au large de Marseille, se décida à entrer dans le port, où elle reçut un accueil chaleureux. On chantait :

Vive le roi,
Digne objet de notre tendresse !

Vive le roi,
Louis XVIII de bon aloi!
Ah! Que tout Français s'empresse
De crier avec allégresse!

Liesse et illuminations pour la visite de Monsieur à Dijon, le 12 septembre.

Lorsque Louis XVIII débarque à Calais, le 23 avril, la garde nationale lui présente les armes. Le voyage est triomphal : Abbeville, Amiens et Compiègne fêtent le souverain.

Dans l'Est, malgré la détresse évoquée plus haut, les municipalités et les conseils généraux votent des motions : « Notre voix a été longtemps étouffée mais nos âmes, dans les grandes douleurs, invoquaient Votre Majesté et sur les bords de la tombe nos enfants trouvaient leur consolation à crier : "Vive le roi !" »

Ainsi deux France s'opposent. La vague royaliste aurait pu submerger les blessures patriotiques, les rancœurs politiques, la peur des représailles. Il n'en fut rien.

La déception suit les manifestations d'enthousiasme quand on découvre qu'il faut continuer à payer des impôts élevés, notamment ces droits réunis qui pèsent sur les boissons et sur le sel et sont si impopulaires. Un préfet croit convaincre les contribuables avec le raisonnement suivant : « Il est des sacrifices nécessaires. Le nom des droits réunis était devenu odieux par les abus auxquels on avait dû se livrer. Mais il est aujourd'hui sanctifié puisque Louis XVIII l'a prononcé[1]. » À Paris le chômage s'aggrave : quatre mille ouvriers employés sur les chantiers publics sont sans travail ; huit à dix mille sont jetés à la rue, dans l'industrie cotonnière, après la réouverture du marché français aux produits anglais. Les ouvriers du bâtiment connaissent une horrible détresse. La police confirme : « Il y a un très mauvais esprit dans la nombreuse classe du peuple qui vit de son travail et qui voit ses moyens d'existence diminuer progressivement. »

Dans les campagnes, c'est la hantise d'un rétablissement des droits féodaux qui alimente les craintes malgré les promesses du roi. Et déjà des menaces sont proférées contre certains acquéreurs de biens nationaux.

Soldats, paysans et ouvriers vont alimenter de leurs peurs et de leurs rancœurs la nostalgie du régime impérial. L'image de l'ogre de Corse répandue par de nombreux pamphlets auxquels Chateaubriand joint sa voix avec *De Buonaparte et des Bourbons* s'estompe rapidement, et les défaites de Napoléon sont mises sur le compte de la trahison.

L'œuvre de réconciliation entreprise par Louis XVIII paraît déjà vouée à l'échec. Elle s'annonce en tout cas longue et difficile. Il lui faudra du temps. C'est ce temps qui va lui manquer.

1. Ponteil, *La Chute de Napoléon Ier*, chap. IV, *passim*.

DEUXIÈME PARTIE

Du débarquement de Napoléon à Golfe-Juan à son entrée à Grenoble

1er-7 mars 1815

*Le 1er mars 1815, l'*Inconstant*, qui a quitté l'île d'Elbe le 26 février, pénètre à 13 heures dans le golfe Juan. À son bord Napoléon et une petite troupe commandée par Cambronne. Le débarquement est terminé à 17 heures. Cambronne est envoyé à Cannes.*

Le lendemain, vers 5 h 30 du matin, Napoléon prend le chemin de Grasse. Il compte, évitant la vallée du Rhône, marcher sur Grenoble. Il va à pied, sur de mauvais sentiers, s'aidant d'un bâton, déjeunant frugalement sur la route, objet de curiosité pour les habitants qu'il croise. Le soir, il fait halte à Séranon et loge dans le château du maire de Cannes.

Le 3 mars, il se lève très tôt, parvient à Castellane en fin de matinée et déjeune à la sous-préfecture. C'est son premier contact avec l'administration royale. Mais ce contact est sans signification : le sous-préfet vient d'apprendre qu'il est remplacé. De Castellane, Napoléon envoie des émissaires à Grenoble. Le soir, il fait étape à Barrême et couche chez le juge de paix. Les rapports avec les notables sont excellents.

Le 4, il parvient à Digne vers 13 heures. La curiosité a laissé la place à l'enthousiasme. Il est acclamé par la foule. Pourtant, le soir, au château de Malijai, il ne peut dissimuler son inquiétude. Il a jusqu'ici bénéficié de l'effet de surprise, mais il n'a pas de renseignements sur les réactions de Louis XVIII (qui ne sera en fait averti que le 5) et il ignore l'attitude de l'armée.

Le lendemain, il est à Sisteron pour déjeuner. Le maire et le sous-préfet viennent le saluer. Mais ils n'ont encore reçu aucune instruction. Plus rassurant est le comportement des habitants qui multiplient les démonstrations d'enthousiasme. Toutefois, le soir, à Gap, l'accueil est moins chaleureux.

Il quitte la ville le 6 vers 14 heures. Il atteint Les Baraques-de-Saint-Bonnet, où il arrive à l'heure du marché. Des paysans lui offrent leur concours qu'il refuse. Il couche à Corps.

Le 7 mars, c'est la rencontre de Laffrey. Un bataillon du 5e de ligne barre la route. Napoléon se présente à cheval puis à portée de feu. Il harangue les hommes : « Soldats du 5e de ligne, reconnaissez-moi ! S'il en est un parmi vous qui veuille tuer son général, son empereur, il le peut ; me voilà ! » Son ascendant sur les troupes joue une nouvelle fois. À 21 heures, il entre dans Grenoble dont les portes sont enfoncées.

Peut-il considérer que la partie est gagnée ? S'il découvre qu'il est porté par un courant populaire formé de paysans et d'ouvriers et s'il devine depuis

Laffrey qu'il a conservé son prestige dans l'armée, il a jusqu'alors bénéficié d'un effet de surprise qui interdit toute réflexion sur la légitimité de son retour.

CHAPITRE PREMIER

Les moyens d'information

À peine Napoléon débarqué, tout va se jouer sur un problème d'information. La circulation des nouvelles dans la France de 1815 est encore très lente.

Le procédé de transmission le plus rapide est le télégraphe Chappe. Il est réservé au gouvernement. La ligne la plus ancienne, reliant Paris à Lille, remonte à la Convention. Napoléon l'a prolongée jusqu'à Anvers. Une deuxième ligne relie Paris à Strasbourg en passant par Metz, et une troisième ligne Paris à Brest. Enfin, une quatrième ligne va de la capitale à Lyon mais bifurque ensuite vers l'Italie. Le Midi n'est pas desservi.

L'administration du télégraphe est confiée à ses inventeurs, les frères Chappe, qui relèvent de la Direction générale des ponts et chaussées. Les stations, tenues par d'anciens militaires, sont établies toutes les trois lieues environ. On installe sur des points hauts (tours construites spécialement, clochers d'église, hauteurs naturelles) des mécanismes comportant au sommet d'un mât trois bras en bois qui peuvent prendre sur l'horizon des configurations faciles à reconnaître. Les positions des bras sont répétées de poste en poste par les agents des stations qui ignorent le sens des signaux qu'ils transmettent. À l'extrémité de chaque ligne, un directeur reçoit les messages et les décode. Une dépêche peut mettre six heures de Paris à Strasbourg, mais il faut tenir compte de la nuit, de la pluie et du brouillard qui retardent ou empêchent les transmissions.

Après la dépêche parvenue à Paris le 5 et annonçant le débarquement de Napoléon, une autre dépêche arrivera le 6 par le télégraphe mais sans détails nouveaux. Il faut attendre, pour en savoir plus, un courrier portant des lettres du préfet du Var donnant des renseignements sur la marche de Napoléon.

Comme le souligne, le 11 mars, le président de la Chambre des pairs, les bulletins télégraphiques se succèdent lentement. La dépêche datée du 8, confirmant la chute de Grenoble, ne parvient à Paris, par suite du mauvais temps, que le 9 au soir. Le 10 seulement parvient une dépêche de Lyon, du 8, 8 h 30 du matin, où le préfet du Rhône prévient le gouvernement de l'arrivée de Napoléon dans la ville.

Dans les départements que le télégraphe n'atteint pas, les retards sont considérables. Le 7 mars, le préfet de Corrèze demande au gouvernement la confirmation d'une nouvelle qui lui a été transmise par le préfet du Cantal qui la tenait du préfet de l'Aveyron qui lui-même l'avait reçue d'un maréchal de camp, et selon laquelle Bonaparte aurait débarqué à Golfe-Juan. Le 7, la Corrèze ignorait encore l'événement. *Le Moniteur*, arrivé le 11 par la malle de Tulle, confirme l'information. Le préfet, Camille Périer, annonce alors quelques mesures prises de sa propre initiative. Ce n'est que le 16 mars que des instructions précises lui parviennent enfin. Le 26, la préfecture est encore dans l'ignorance de l'entrée de Napoléon dans la capitale. La nouvelle ne sera connue que le 28.

À Agen, le duc d'Angoulême passe rapidement, le 10 mars, au grand étonnement des habitants encore ignorants des événements. Ce n'est que le 12, et par des lettres privées, que sont confirmées les rumeurs suscitées par le passage du prince.

Centralisation oblige, le gouvernement dispose aussi d'estafettes, mais celles-ci, en nombre limité, sont tributaires de la vitesse des chevaux, de l'organisation des relais et de l'état des routes.

Le plus souvent, les liaisons sont établies avec les préfectures par la malle-poste, peu rapide. L'administration générale des postes est établie à Paris, à l'hôtel des postes, rue du Coq-Héron. L'Almanach impérial puis royal donne la liste des villes dans lesquelles se trouve un bureau de poste, avec le jour des départs des courriers. Toutes les villes moyennes sont desservies.

La poste aux chevaux est régie par la loi du 19 frimaire an VII : « Nul autre que les maîtres de poste munis d'une commission spéciale ne pourra établir de relais particuliers, relayer ou conduire à titre de louage, des voyageurs d'un relais à un autre. La prohibition ne s'étend pas aux conducteurs de petites voitures non suspendues, connues sous le nom de pataches ou carrioles et allant à petites ou grandes journées dans l'intérieur de la France, non plus qu'à ceux de toute autre voiture de louage, allant constamment à petites journées et sans relayer. »

L'Almanach des postes indique aux voyageurs tous les relais. Il faut huit jours de Paris à Toulouse, cinq pour Bordeaux ou Lyon, quatre pour Nantes ou Rennes, trois pour Lille. Les premiers informés en province sont le plus souvent les maîtres de poste. C'est par eux que l'on apprend les nouvelles. Les aubergistes sont également bien placés pour recueillir des informations grâce aux récits des voyageurs. Les colporteurs jouent un rôle non moins important dans les campagnes. Et les nouvelles sont commentées au prône par les curés.

Il s'agit d'informations orales sur lesquelles aucun contrôle ne peut être exercé. Les déformations sont fréquentes. On l'a vu dans l'été de 1789, lors de la Grande Peur. Le bouche-à-oreille est le mode de diffusion des nouvelles le plus répandu. Les informations officielles sont connues par voie d'affiches placardées dans les villages à la porte des mairies et sur les arbres.

La presse n'a qu'une influence limitée. En dehors du *Bulletin des lois*, *Le Moniteur* est largement diffusé dans les milieux administratifs. Il ne cache pas son caractère officiel. À la suite de vives critiques, il explique, le 18 mars 1815, sous la plume d'un rédacteur anonyme (les articles ne sont pas signés), que « le caractère donné par le gouvernement ne [lui] permet de rien publier de ce qui regarde la France qui ne repose sur des documents authentiques et qui ne lui soient fournis par ordre exprès d'après les sources officielles. Le gouvernement a jugé indigne de lui ce système d'artifice et de dissimulation suivi par les gouvernements qui l'ont précédé, système qui, n'empêchant aucune nouvelle fâcheuse d'être bientôt connue, détruit l'effet des nouvelles favorables et paralyse tous les moyens en anéantissant la confiance. Le gouvernement ne veut rien exagérer et rien taire. »

Le Moniteur est donc tributaire d'informations qui lui parviennent tardivement par la voie officielle. Alors que la nouvelle du débarquement de Napoléon est connue à Paris le 5 mars au soir, elle n'apparaît que le 8 dans ce journal, et encore, à la page de « l'intérieur », après les informations touchant l'Europe. « Nous avons retardé, explique un rédacteur, jusqu'à ce jour de donner des nouvelles du débarquement de Bonaparte sur les côtes de la Provence, parce que les dépêches télégraphiques qui l'ont d'abord fait connaître ne donnaient aucun détail. » Suit un récit à peu près exact mais qu'un abonné de province ne connaîtra que deux ou trois jours plus tard.

Le numéro du 9 indique qu'il ne peut proposer beaucoup d'éléments nouveaux, car « le temps, extrêmement couvert et orageux, a interrompu totalement les communications télégraphiques ». Celui du 12 mars raconte le voyage du duc d'Angoulême à Bordeaux, voyage qui a eu lieu le 6; c'est dire le retard avec lequel la presse informe ses lecteurs. Il en va de même pour les autres feuilles parisiennes qui sont tributaires des informations du *Moniteur*.

*
* *

La monarchie restaurée a proclamé la liberté de la presse mais y a apporté des restrictions. Les journaux ne peuvent paraître qu'avec l'autorisation du roi et les écrits de moins de vingt feuilles d'impression sont soumis à la censure.

Le Journal des débats s'attache à suivre une voie moyenne entre les ultras et les libéraux. *La Gazette de France* est plutôt l'organe des royalistes exaltés. Enfin *Le Journal de Paris* témoigne de velléités libérales.

Fiévée, préfet de la Nièvre, s'en prend, dans sa *Correspondance politique et administrative*, aux journaux parisiens : « C'est un fait singulier, et cependant irrécusable, que, dans un moment surtout où l'autorité a besoin de se saisir de l'opinion, le roi n'ait pas un journal à lui, sur lequel il puisse compter en toutes circonstances, et assez généralement répandu pour l'emporter sur tous les autres. *Le Moniteur* est la chose du monde la plus ridicule dans une monarchie. Que signifie un journal officiel d'une longueur démesurée, qu'on remplit avec de la mauvaise littérature, de la mauvaise métaphysique, qui sert d'archives à l'Institut où se sont réfugiées, comme dans leur sanctuaire, les mauvaises doctrines et les grandes prétentions[1] ? »

Il faut mettre à part *Le Nain jaune*, riche en épigrammes et en caricatures, qui dissimule un bonapartisme que l'on devine dans ses chroniques consacrées aux « chevaliers de l'éteignoir ».

Mais ces journaux n'ont qu'une relative diffusion : 3 000 abonnés pour *Le Moniteur* (en réalité probablement plus, mais les archives du journal ont disparu dans un incendie). *Le Journal des débats* est le plus lu, mais ne dépasse pas 20 000 abonnés.

En province, les feuilles sont sous le contrôle des préfets : on pille *Le Moniteur* pour les informations, et pour le reste on se limite à la liste des foires et à l'annonce des spectacles. Dans la crise de 1815, il faut tenir compte, pour comprendre les comportements, de cette mauvaise diffusion des nouvelles.

1. Cité par Hatin, *Bibliographie de la presse périodique française*, p. 310.

CHAPITRE II

Le roi, ses ministres et ses conseillers

La dépêche annonçant le débarquement de Napoléon ne parvint à Paris que le 5 mars, un dimanche. C'est Chappe lui-même qui la reçut par le télégraphe. Il se précipita chez Vitrolles, secrétaire des Conseils du roi, pour lui remettre la nouvelle sous pli cacheté.

Vitrolles était dans son cabinet de travail, au coin du feu, en compagnie du général Beurnonville. Il accueillit le directeur du télégraphe dans l'embrasure d'une fenêtre. Chappe était essoufflé et tout hors de lui. Vitrolles raconte :

> « "Je vous ai cherché dans vos bureaux aux Tuileries, me dit Chappe à voix basse, et, ne vous y ayant pas trouvé, j'ai voulu faire remettre cette dépêche au roi ; mais on m'a renvoyé à vous.
>
> « – En effet, lui répondis-je ; n'en est-il pas toujours ainsi ?
>
> « – Certainement, certainement ; mais celle-ci est si pressée !
>
> « – Et que contient-elle donc ?"

« Il se rappela alors qu'il ne devait pas le savoir, et que le traducteur seul devait participer au secret.

« "Je l'ignore, me dit-il ; mais le traducteur m'a dit que c'était très pressé."

« J'avais l'autorisation et l'habitude d'ouvrir ces dépêches ; le plus souvent, elles n'apportaient pas d'autre nouvelle que l'entrée ou la sortie de quelque goélette dans nos ports, ou autres choses aussi insignifiantes. Je les adressais au ministre compétent et ne les montrais au roi que lorsqu'elles avaient quelque intérêt. Mais l'importance que Chappe attribuait à celle-ci, d'abord en l'apportant lui-même, ce qui n'arrivait jamais, et puis par ses réticences, à travers lesquelles on voyait qu'il connaissait le contenu, me fit penser qu'elle renfermait quelque chose de grave ; et mon esprit se porta immédiatement sur un accident arrivé probablement au duc et à la duchesse d'Angoulême dans leur voyage à Bordeaux... Je ne sais si quelques-uns de nos chers ministres eussent mieux dirigé leurs premiers regards, et j'en doute ; mais la pensée d'un retour de l'exilé de l'île d'Elbe ne me vint pas à l'esprit. Cependant, ne prévoyant rien de bien agréable à annoncer au roi, je préférais lui porter la dépêche cachetée, pour qu'il l'ouvrît lui-même. »

Vitrolles ne perd pas de temps et se précipite dans le cabinet de Louis XVIII. Suivons-le :

« En entrant chez le roi, je lui dis que l'empressement de Chappe et l'importance qu'il semblait attacher à cette dépêche m'avaient fait penser qu'il fallait en réserver l'ouverture au roi. La goutte, en ce moment, le tenait assez fort aux mains. Il déchira maladroitement le cachet, et, saisissant le mieux qu'il put la dépêche dans son enveloppe, il me la présenta pour que je retirasse moi-même cette enveloppe. Je me retournai lentement pour jeter ce papier dans la cheminée qui était derrière moi; puis, me replaçant devant la table en face du roi, j'attendis tout le temps qu'il mit à lire les deux ou trois lignes dont elle se composait. Il resta les yeux attachés sur le papier beaucoup plus longtemps qu'il ne lui en fallait pour le lire; puis il le jeta sur la table.

« "Vous ne savez pas ce que c'est? me dit-il.

« – Non, Sire, je l'ignore.

« – C'est, me dit-il d'un ton qui ne décelait aucune altération, c'est Bonaparte qui est débarqué sur les côtes de Provence.

« – Est-ce possible!" lui dis-je en prenant la dépêche adressée par le général Brayer. Elle avait été expédiée de Marseille par le maréchal Masséna, gouverneur de Provence. Elle était confiée à un courrier qu'un accident avait arrêté en route, et qui avait fait suivre la nouvelle par un autre courrier; car, en ce temps, le télégraphe n'allait pas au-delà de Lyon. J'avais été plus ému que le roi, et je l'exprimai avec quelque vivacité.

« "Il faut porter cette dépêche au ministre de la Guerre, et il verra ce qu'il y aura à faire, reprit-il avec le même calme[1]." »

Vitrolles se précipite, sortant, affolé, par l'escalier du pavillon de Flore. Pas un instant sa fidélité à l'égard du roi n'est ébranlée.

Alors que sa voiture traverse le pont Royal, il aperçoit le titulaire du portefeuille de la Guerre, le

1. Vitrolles, *Mémoires*, t. II, p. 81 et suiv.

maréchal Soult. Il s'arrête, interpelle le maréchal et met devant les yeux de ce vétéran des guerres napoléoniennes la dépêche de Chappe. « J'étais sans aucune méfiance. J'examinais cependant, tout naturellement, l'impression que faisait sur son visage une nouvelle aussi inattendue. Cette impression fut ce qu'elle devait être, toute de surprise et même d'incrédulité. Il cherchait dans sa pensée les motifs de douter d'un tel événement. Je lui fis connaître les intentions du roi qui le chargeait de prendre les mesures qu'il jugerait convenables. »

Sans perdre de temps, Vitrolles conduit Soult chez le favori, Blacas, prévient le roi, introduit le maréchal dans le cabinet de Louis XVIII, puis prépare tout ce qui est nécessaire à l'envoi par le télégraphe des instructions de Soult. Il insiste auprès du monarque pour que soit gardé le secret pendant vingt-quatre heures sur le retour de Napoléon, de façon que les mesures prises ne soient pas ralenties par l'émotion du public.

Vitrolles peut enfin souffler et réfléchir : « Je me promenais seul dans mon cabinet et ne me laissais point engourdir dans une fausse sécurité. Je mesurais l'étendue des dangers dont l'audacieuse tentative de Bonaparte pouvait nous menacer. Dans ces moments de grandes émotions, les pensées se présentent en foule et se pressent dans l'esprit ; mais elles se résumaient toutes pour moi dans une seule : mettre les troupes de notre côté dans cette grande querelle, et la présence d'un de nos princes au milieu d'elles me semblait la condition nécessaire d'un pareil résultat. M. le duc d'Angoulême était absent; M. le duc de Berry, brillant de valeur, entreprenant, ardent, manquait parfois de mesure et s'enivrait de son propre feu. C'était donc encore Monsieur, frère du roi, qui pouvait, mieux qu'un autre, entraîner les régiments par sa bonne grâce et son éloquence chevaleresque. »

Vitrolles se rend donc au pavillon de Marsan où réside Monsieur. Mais Monsieur, lui apprend un huissier, assiste aux vêpres. « À Vêpres ! à Vêpres ! murmure Vitrolles. Comment est-on à Vêpres en de telles circonstances ? Jacques II perdit son royaume pour une messe ; ceux-ci perdront-ils le leur pour des vêpres ? » Il attend une demi-heure, de plus en plus énervé. Le comte d'Artois n'a-t-il pas été informé ? Vitrolles finit par le croire. Pourtant un tel secret peut-il être aussi bien gardé ? Le comte d'Artois paraît enfin. Vitrolles s'empresse. Monsieur l'invite à le suivre dans son cabinet et Vitrolles cherche à lire dans ses yeux s'il est instruit de la grande nouvelle. Le comte d'Artois reste impassible.

« Monsieur, dit Vitrolles avec hésitation, n'a pas vu le roi depuis la messe ?

– Mais si, je l'ai vu... À propos, reprit-il tout à coup ; à propos de la nouvelle du débarquement, qu'en dites-vous ? »

Un peu surpris par cet « à propos », avant de comprendre que Monsieur ignorait qu'il était au courant, Vitrolles expose ses inquiétudes : « Bonaparte était débarqué le 1er mars et nous étions déjà au 5 ! Quel chemin pouvait-il avoir fait ? Était-ce bien réellement en France qu'il voulait pénétrer ?

Ou bien avait-il le projet de se jeter en Italie, de bouleverser ce pays par sa présence et de se mettre à la tête des troupes napolitaines, en face des armées autrichiennes et françaises qui se mettaient en marche pour exécuter la sentence portée contre Murat[1] ? »

Mais, poursuit Vitrolles, il faut arrêter ces suppositions, « c'est en France qu'il faut avant tout lui barrer les chemins. Nous n'avons pour cela que des populations bien animées, mais sans armes et sans organisation. Des troupes fidèles... Fidèles ? Oui, elles le seront, si les princes se mettent à leur tête et se confient noblement à elles. Mais il n'y a pas un moment à perdre. Notre salut est tout entier dans le premier coup de fusil tiré sur l'ennemi. Il faut la présence d'un prince pour qu'il soit tiré, et c'est Monsieur, c'est vous, Monseigneur, qui pouvez le mieux nous assurer la fidélité de l'armée et réveiller ce qu'il y a de zèle et d'amour pour la cause royale dans les populations ». Monsieur écoute en marchant et conclut : « Je pense que vous avez raison et qu'il faut graisser mes bottes. »

Vitrolles est à nouveau chez le roi vers 17 heures puis à 20 heures. Rien que de très normal. En tant que secrétaire d'État, il doit tout prévoir. Il note le courage passif du roi et le compare à celui de Louis XVI. Il faut éviter un nouveau 10 août. C'est Vitrolles qui établit un plan de campagne, du moins l'affirme-t-il dans ses *Mémoires* : « M. le duc d'Angoulême prendrait le commandement des

1. Murat n'est pas encore déchu à cette date.

troupes du Midi, qu'on réunirait en Languedoc, sur la rive droite du Rhône. M. le duc de Berry prendrait, en Franche-Comté, le commandement des garnisons de la Lorraine et de l'Alsace qu'on y rassemblerait. Ainsi appuyé sur sa droite et sur sa gauche, Monsieur, frère du roi, marcherait à l'ennemi avec les troupes qui se trouveraient sur les lieux, incessamment renforcées de toutes celles qu'on avait déjà mises en mouvement pour former à Chambéry un camp de 24 000 hommes qui devaient coopérer en Italie à l'exécution de l'arrêt porté contre Murat. » C'est à Soult – nous y reviendrons – qu'il appartient de faire procéder à l'exécution de ce plan.

Avec lucidité, Vitrolles insiste pour que le duc d'Orléans ne reste pas à Paris mais soit employé sous les ordres de Monsieur, « de manière à être parfaitement contenu ». Il plaide enfin pour une convocation immédiate des chambres.

Le secrétaire d'État passe la soirée du 5 mars chez Monsieur. Celui-ci reste calme, précis, sûr de lui. À minuit, il quitte Paris pour le sud de la France.

Le duc d'Angoulême, fils de Monsieur, était à Bordeaux. Sa santé ne permettait guère à Louis XVIII de visiter la province ; pour le suppléer, on faisait voyager les princes. En tant qu'amiral, le duc d'Angoulême visitait en mars 1815 les ports de l'Océan. Il devait s'arrêter à Bordeaux, avec son épouse, pour y célébrer le soulèvement de la ville contre Napoléon. Il ignorait encore le retour de celui-ci.

Plus impétueux, le duc de Berry mesurait toutefois la difficulté de toute opposition au retour de Napoléon sans le soutien de l'armée.

Malgré les réserves qu'il suscitait, le duc d'Orléans fut averti le jour même. Vitrolles le rencontra le lendemain et nota : « En voilà un qui n'a pas trop de confiance en lui-même et je ne sais pas si nous devons en avoir davantage en lui. » Ne finirait-il pas, en cas de crise grave, par jouer les troisièmes larrons ? Certains révolutionnaires songeaient à lui et il se gardait de trop les décourager.

L'étonnant sang-froid des princes en cette journée du 5 mars fut conforté par l'attitude de l'entourage du roi. Blacas, le favori, affirmait que « Napoléon n'irait pas loin et qu'il serait écharpé par la population[1] ». Il oubliait que la situation n'était plus celle de 1814.

Les ministres ne furent convoqués que le lendemain. Ils acceptèrent le principe de la convocation des chambres et approuvèrent l'ordonnance royale déclarant Bonaparte « traître et rebelle » pour « s'être introduit à main armée sur le territoire du royaume ». Le gouvernement enjoignait à toutes les autorités civiles et militaires ainsi qu'aux simples citoyens de « lui courir sus ».

*

* *

1. Duc de Castries, *Louis XVIII*, p. 232.

L'ordonnance précisait que seraient punis des mêmes peines que Bonaparte « les militaires et les employés de tout grade qui auraient accompagné et suivi ledit Bonaparte dans son invasion du territoire à moins que, dans le délai de huit jours à compter de la présente ordonnance, ils ne viennent faire leur soumission entre les mains de nos gouverneurs, commandants de division militaire, généraux et administrations civiles ». Seraient « également poursuivis et punis comme fauteurs et complices de rébellion et d'attentats tendant à changer la forme du gouvernement et provoquer la guerre civile tous administrateurs civils et militaires, chefs et employés dans lesdites administrations, payeurs et receveurs des deniers publics, même les simples citoyens qui prêteraient directement ou indirectement aide et assistance à Bonaparte ».

Devant ceux qui seraient tentés de tenir des discours ou de prononcer des paroles hostiles à la monarchie était brandi l'article 102 du Code pénal menaçant de sanctions « ceux qui, par des discours tenus dans des lieux ou réunions publiques, par des placards affichés ou par des écrits imprimés, auraient pris part ou engagé les citoyens à prendre part à la révolte ou s'abstenir de la repousser ».

Destinataires en priorité de l'ordonnance royale, les gouverneurs de division militaire, les généraux, les commandants de place, les préfets, sous-préfets et maires.

Fut approuvée également par le Conseil des ministres la convocation des chambres. Le texte, publié dans *Le Moniteur* du 7 mars, restait curieusement vague sur les raisons du rappel des pairs et des députés : « Nous avions, le 31 décembre dernier, déclarait le roi, ajourné les chambres pour reprendre leurs séances au 1er mai ; pendant ce temps, nous nous attachions à préparer les objets dont elles devaient s'occuper. La marche du congrès de Vienne nous permettait de croire à l'établissement général d'une paix solide et durable, et nous nous livrions sans relâche à tous les travaux qui pouvaient assurer la tranquillité et le bonheur de nos peuples ; cette tranquillité est troublée ; ce bonheur peut être compromis par la malveillance et la trahison ; la promptitude et la sagesse des mesures que nous prenons en arrêtera les progrès. Pleins de confiance dans le zèle et le dévouement dont les chambres nous ont donné des preuves, nous nous empressons de les rappeler auprès de nous. Si les ennemis de la patrie ont fondé leur espoir sur les divisions qu'ils ont toujours cherché à fomenter, ses soutiens, ses défenseurs légaux renverseront ce criminel espoir par l'inattaquable force d'une union indestructible. »

Les ministres paraissent sûrs. En l'absence de Talleyrand, retenu par le congrès de Vienne, c'est Jaucourt qui assurait l'intérim des Affaires étrangères. D'une famille protestante protégée par le prince de Condé, ce colonel avait goûté des idées nouvelles d'abord au club des Feuillants puis à l'Assemblée législative, où il avait été élu par le département de Seine-et-Marne. Il avait échappé de peu aux massacres de Septembre grâce à Mme de Staël et avait quitté la France en compagnie de Talleyrand. Les deux hommes avaient sympathisé dans leur malheur commun. Jaucourt revint en France sous le Consulat et, recommandé par Talleyrand, entra au Tribunat puis au Sénat. Intelligent et d'une étonnante souplesse, il épousa l'évolution de Talleyrand, se détachant progressivement de l'Empire, votant la déchéance de Napoléon en 1814 et entrant dans le gouvernement provisoire formé par Talleyrand. Difficile de trahir Louis XVIII quand on est ainsi compromis... Jaucourt se rattrapera par la suite, abandonnant les Bourbons en 1830 pour Louis-Philippe, puis soutenant le prince Louis-Napoléon Bonaparte en 1848 et approuvant le coup d'État du 2 décembre.

Dambray, à la Justice, et Montesquiou sont des royalistes fervents. Le premier est un zélé défenseur des prérogatives royales. N'est-ce pas lui qui a suggéré à Louis XVIII de dater la Charte de la dix-neuvième année de son règne ? Il lui fallait faire oublier, il est vrai, qu'il avait accepté une place de conseiller général sous l'usurpateur...

Conspirateur habile et hostile à la violence, l'abbé de Montesquiou s'est soigneusement tenu à l'écart des fonctions et des honneurs pendant l'Empire. Entré avec Dambray dans le ministère formé le 13 mai 1814 comme ministre de l'Intérieur, il s'est fait le défenseur de la liberté de la presse, « moyen le plus sûr de faire arriver la vérité jusqu'au trône » ; il limite toutefois cette liberté « aux écrits de trente feuilles d'impression et au-dessus ».

Chargé de la Marine, Malouet est tenu à l'écart par la maladie. En dehors du ministère de la

Guerre, c'est vers celui de la Police que se tournent tous les regards. D'André a remplacé Beugnot en décembre à la tête de la Police générale. Mais cette Police générale n'est que le fantôme de celle de Fouché. Le ministère avait déjà perdu de son éclat sous Savary lorsqu'il fut supprimé le 16 mai 1814. Une ordonnance royale avait décidé la réunion du ministère et de la préfecture de police au sein d'une direction générale. Son titulaire prenait rang immédiatement après les ministres. Très vite d'ailleurs il fut considéré comme un ministre à part entière.

En revanche, la police de Paris disparaît du paysage puisqu'elle est confiée à un sous-ordre, le secrétaire général adjoint Piis. Il n'y a plus qu'un préfet à Paris, celui de la Seine. Certes, les bureaux de la préfecture et les commissariats ont été conservés, mais la démoralisation est la même qu'en 1802 lorsque la Police avait été rattachée à la Justice.

De surcroît, Beugnot, nommé à la tête de la direction générale, n'a guère donné satisfaction. Alors qu'il avait la chance d'avoir des ouvriers peu portés à l'agitation (« le bas peuple, notent tous les rapports, est las, dégoûté et ne veut plus se réunir à aucun parti »), il s'aliéna les demi-solde par une surveillance tatillonne et les bourgeois voltairiens par une stricte application du repos dominical. Cet ancien député à l'Assemblée législative, qui avait été préfet, conseiller d'État et ministre en Westphalie puis dans le grand-duché de Berg sous l'Empire, manquait d'énergie mais non de prudence et répugnait aux tâches policières. C'est ainsi qu'il supprima, si l'on en croit la biographie que lui consacra Saint-Edme, les espions politiques qu'il assimilait « à un corps gras » souillant « tout ce sur quoi il se répand[1] ». Le principe était louable mais la police souffrit rapidement d'un manque de renseignements qui lui fut fatal.

Le 3 décembre 1814, Beugnot avait laissé sa direction générale à d'André. Saint-Edme n'est pas tendre non plus à l'égard de cet ancien membre de la Constituante qui dirigea plusieurs « agences » contre-révolutionnaires : « Si la police se réduit à de sordides menées, à de l'espionnage, à entretenir des intelligences et des correspondances secrètes, enfin à user pour le soutien d'un parti de ce genre de moyens dont la clandestinité fait toute la force, d'André a fait longtemps et assez bien la police en ce sens, dans l'intérêt d'un prince alors proscrit [Louis XVIII], mais il a cessé entièrement de se montrer utile et capable en cette partie dès qu'il en a été ostensiblement chargé[2]. » On vient de voir que Beugnot lui en avait enlevé les moyens.

*

* *

Dès connue la nouvelle du débarquement de Napoléon qu'il avait été incapable de prévoir, d'André fit preuve d'une inaction complète. Il se serait contenté de dire au roi, le 5 mars : « Sire, ce

1. Saint-Edme, *Biographie des lieutenants généraux...*, p. 354.
2. *Ibid.*, p. 364.

coquin de Bonaparte a été assez insensé pour débarquer ; il faut en remercier Dieu. On le fusillera et nous n'en entendrons plus parler[1]. »

Les ministres du roi lui restent donc fidèles le 6 mars. Mais, pris de court, ils semblent, dans les jours qui suivent, comme paralysés par la peur, apathiques, dépassés par les événements. Vers qui pourrait se tourner Louis XVIII ? Il vient d'ordonner la convocation des chambres. Immédiatement, 69 députés se sont réunis et ont chargé leur président, Lainé, de présenter au roi leurs sentiments dévoués et respectueux. Mais il fallait attendre l'arrivée de leurs collègues pour prendre les mesures nécessaires.

Le Conseil d'État ? Ignoré par la Charte, il avait été ressuscité par l'ordonnance du 29 juin 1814 mais avait perdu – au moins dans la pratique – ses assemblées générales, et de surcroît le roi n'était nullement tenu de le consulter. Il cessait d'être « le conseil du souverain » et n'avait plus de contacts directs avec lui.

À l'annonce du retour de Napoléon, le Conseil d'État semble s'être abstenu de rédiger une adresse à Louis XVIII. Du moins *Le Moniteur* n'en mentionne-t-il aucune. Ce silence peut surprendre. Tient-il à la nature de ce Conseil, imbriqué, selon l'Almanach royal, dans le Conseil d'en haut et le Conseil des ministres ? Ou les survivants du Conseil d'État napoléonien préparaient-ils leur ralliement à l'Empereur ?

---

1. Duc de Castries, *op. cit.*, p. 232.

En revanche, la Cour de cassation, qui se targue dans une adresse au roi d'être « la première de toutes vos cours à renouveler dans vos mains le serment de fidélité inviolable à votre personne sacrée », après avoir condamné « l'audacieuse et folle entreprise qui vient d'être tentée contre la sûreté de l'État », se déclare « prête à mourir pour son roi ».

La Cour des comptes ne va pas jusque-là, mais stigmatise « l'ennemi de la paix » : « Sire, les Français savent que sa présence rappellerait sur eux la haine des nations, qu'elle les rejetterait dans toutes les calamités qui ont marqué les dernières années de sa domination. »

La Cour royale de Paris, « toutes chambres assemblées », ne peut être en reste. Elle invoque « la main de Dieu » qui va saisir « le grand coupable » et se réjouit que cette circonstance lui permette de se rapprocher de « la personne sacrée du roi ».

Au tour du conseil municipal de Paris, si courageux le 1er avril 1814, de rappeler ses sentiments royalistes. Il les affirme dès le 7 mars. Sa proclamation, qui va donner le ton, vaut d'être citée en entier :

> « Sire, depuis le retour de Votre Majesté, la France commençait à respirer ; la liberté publique et particulière assurée par une charte solennelle, le crédit renaissant, les ports rouverts au commerce, les bras rendus à l'agriculture, l'harmonie établie entre tous les corps de l'État, la certitude de la paix donnée à

l'Europe, tout garantissait à notre pays le bonheur qu'il n'a connu que sous vos ancêtres.

« Et c'est le moment que choisit cet étranger pour souiller notre sol de son odieuse présence !

« Que veut-il de nous ? Quels droits peut-ils prétendre, lui dont la tyrannie nous aurait affranchis de tous devoirs et qui, par son abdication, aurait relevé les plus scrupuleux de leurs serments. Que vient-il chercher dans notre France qu'il désola si longtemps. En vain, depuis un an, Sire, vous vous consumez d'efforts généreux pour réparer tant de maux. Ces maux pèsent encore sur nous et pourtant il ose paraître à nos regards ! Il désire donc encore que, pour réparer nos pertes, l'élite de notre jeunesse, victime de son gigantesque orgueil, aille périr sur ces pays, ou dans les neiges de Russie ou dans les montagnes arides de l'Espagne.

« Faut-il donc incendier une seconde fois l'univers pour appeler une seconde fois l'univers sur la France ? Couvert déjà de tant de sang, c'est du sang encore qu'il demande ; c'est la guerre civile qu'il veut apporter aux enfants de la France ! Il croit même qu'il ne pourra jamais fatiguer ni la clémence du ciel ni la longanimité d'une nation qui consentait à l'oublier !

« Grâce à la Providence, nous respirons enfin sous un régime paternel, sous l'autorité tutélaire et légitime de l'antique race de nos rois. Chaque moment de votre règne, Sire, est marqué par un bon sentiment pour vos Français, par un acte de garantie du bonheur et de la liberté publique ; il n'est pas une de vos paroles qu'on ne répète avec attendrissement, pas une de vos actions où ne soient empreints votre amour pour vos sujets et votre ardent désir d'étouffer toute dissension civile. Aussi n'est-il pas un de nous,

Sire, qui ne soit prêt à périr aux pieds du trône pour défendre son roi, aux pieds de Louis le Désiré pour défendre son père.

« Oui, Sire, nous le jurons à Votre Majesté.

« Ce serment n'est pas le nôtre seulement; c'est celui de tout Français qui aime l'honneur, son roi, sa patrie et sa famille[1]. »

Toutes ces proclamations devraient conforter le roi. Sans doute, en dépit des outrances (personne ne mourra au pied du trône), sont-elles, les 6 et 7 mars, sincères. Le retour de Napoléon signifie la reprise des hostilités avec l'Europe, une nouvelle période d'incertitude politique, une crise économique, mais derrière ces déclarations se cache un malaise au sein de l'administration. Dans les bureaux, c'est l'attentisme. Le personnel reste prudent, du chef de service au simple employé. Beaucoup sont là depuis le Consulat et même le Directoire, et ont été déçus par la Restauration.

Deux causes de mécontentement selon Pierre Foucher, futur beau-père de Victor Hugo et alors sous-chef de bureau : des distributions inconsidérées de Légions d'honneur (« Je vis plusieurs officiers qui étaient profondément indignés et je présume que l'emploi si grandement abusif qui fut fait de la décoration de la Légion d'honneur fut une des principales causes du succès de Napoléon dans son entreprise de 1815 ») et des promotions nombreuses et inexplicables en faveur des émigrés.

1. *Le Moniteur* du 8 mars.

« J'entendais dire souvent : cela ne durera pas, écrit Foucher, mais, malgré ce sinistre pronostic, je ne croyais pas la crise prochaine. J'oubliais que, dans un pays qui n'est pas constitué malgré ses Constitutions décrétées, octroyées et jurées, les bouleversements peuvent être aussi rapides qu'ils sont faciles[1]. »

1. Foucher, *Souvenirs*, p. 159.

CHAPITRE III

Les préfets

Représentant du roi dans le département, le préfet dispose, dans une France toujours centralisée, des forces de l'ordre et des moyens d'information. Il lui est possible d'orienter l'esprit public par des proclamations qui seront publiées dans le journal du département et affichées dans toutes les communes. De son attitude peut donc dépendre celle de ses administrés, mais il peut arriver aussi que la pression de ses administrés commande son attitude.

Entre le 1er et le 7 mars, les premières réactions du corps préfectoral à l'annonce du retour de Napoléon sont diverses, mais la fidélité au roi l'emporte.

Le premier informé est Bouthillier-Chavigny, préfet du Var. C'est un ancien émigré qui a servi à l'armée de Condé puis s'est rallié à Napoléon. Il a été nommé auditeur au Conseil d'État en janvier 1810 et a occupé deux sous-préfectures à Alba puis à Minden. Il a accueilli avec joie la restauration de Louis XVIII et a remplacé en juin 1814 Leroy de Boisaumarié à Draguignan. Dès le 2 mars, aussitôt prévenu d'un débarquement suspect, Bouthillier, assisté du général Morangiès, croyant que le détachement va prendre une route classique, concentre trois cents gendarmes et gardes nationaux à Fréjus. Il prend dans le même temps contact avec Masséna et envoie des dépêches aux préfets des départements voisins. Même s'il ignore à l'origine la présence de Napoléon dans le détachement, sa fidélité au roi ne se démentira pas par la suite.

C'est à Castellane, le 3 mars, que Napoléon a un premier contact avec l'administration. En réalité, le sous-préfet, Jean Francoul, nommé le 4 avril 1800 et qui a passé tout l'Empire dans ce poste, a été destitué le 27 janvier 1815 au profit de Villeneuve-Bargemon. Mais celui-ci n'a pas encore rejoint son poste. C'est donc Francoul qui accueille Napoléon et fournit à Cambronne 5 000 rations de pain, 5 000 de viande et 5 000 de vin ainsi que 40 charrettes. Pourquoi s'opposerait-il à l'Empereur ? Il vient d'apprendre le débarquement, aucune instruction n'est encore parvenue à Castellane et il est destitué depuis janvier.

*

* *

Il en va différemment dans les Basses-Alpes. Le préfet Duval est prévenu à Digne, le 3 mars dans l'après-midi, par une dépêche de son collègue du Var, que Napoléon se dirige vers Sisteron. Il convoque aussitôt le général comte de Loverdo, commandant le département. Celui-ci lui révèle qu'il n'est pas sûr du 87e régiment, en stationnement à Digne. Il lui paraît d'autre part difficile de défendre Sisteron. Dans ces conditions, Duval décide pour l'instant de ne pas ébruiter la nouvelle du retour de Napoléon.

Jean-Pierre Duval n'est pas n'importe qui. Il a été député de la Seine-Inférieure à la Convention (où il n'a pas voté la mort du roi) puis au Conseil des Cinq-Cents. Il a même été ministre de la Police générale sous le Directoire pendant quelques mois. Après Brumaire il est entré au Corps législatif, où il a représenté à nouveau la Seine-Inférieure, puis a été nommé préfet des Basses-Alpes le 1er février 1805 et maintenu par Louis XVIII. Ce n'est pas un royaliste aussi convaincu que son collègue du Var.

Le 4 mars, à 5 heures du matin, Duval convoque le président du conseil général, le procureur du roi et le maire. Il ne peut plus cacher la nouvelle, des informations arrivant de Séranon, Castellane et Barrême. Loverdo se montrant sceptique sur la possibilité d'établir un point de résistance à Sisteron, Duval prend une décision qu'il explique aux habitants des Basses-Alpes dans une proclamation datée du 5 mars à 4 heures de l'après-midi : « Dans cet état de perplexité, je m'entoure de personnes jouissant de toute la considération acquise par une longue expérience, par leurs principes et leur sagesse, et après avoir discuté avec les chefs de la force armée l'impossibilité ou l'inefficacité d'une résistance plausible, il est reconnu que le seul parti permis par les circonstances est de se soumettre à la nécessité pour épargner au département les suites affreuses d'une résistance inutile[1]. » Il envoie une dépêche par estafette au sous-préfet de Sisteron, datée du 4 mars, 5 heures du matin :

« Monsieur le Sous-Préfet,

« J'ai l'honneur de vous informer que la nouvelle du débarquement de Sa Majesté l'empereur Napoléon [la formule est à souligner : le traité de Fontainebleau conservait à Napoléon son titre d'empereur; faute d'instructions, Duval est en droit de l'utiliser, mais en même temps il ménage Napoléon en cas de réussite] se confirme, qu'il a débarqué à Cannes le 1er mars, qu'il a couché à Séranon le 2 et le 3 à Barrême et qu'il arrive au milieu du jour à Digne, se faisant précéder d'un ordre de cinq mille rations de vivres. Comme nous n'avons aucun moyen de résistance, il suffira de mettre les caisses publiques en sûreté. »

Ce même 4 mars, Napoléon arrive à Digne vers midi. Il demande à voir le préfet; on lui répond qu'il est en tournée. Duval avait quitté Digne quelques instants avant l'arrivée de Napoléon et s'était rendu, escorté de quatre gendarmes, dans sa maison de campagne à Champtercier. Drouot, resté à Digne après le départ de Napoléon, écrivait à Duval :

« Monsieur le Préfet,

« Le 4 mars, dans la soirée, SM l'Empereur a regretté de ne point vous voir ici : elle me charge de vous représenter que votre présence serait nécessaire à Digne. J'ai l'honneur de vous prier de venir

---

1. Gombert, *Napoléon de l'île d'Elbe à Sisteron*, p. 63 et suiv.

le plus tôt possible. Votre présence y produira le meilleur effet et sera de la plus grande utilité à vos administrés. »

Duval a réussi son coup : il ne s'est pas compromis et s'est assuré le soutien de l'Empereur si ce dernier réussit dans son entreprise. Inactif d'abord, absent ensuite, Duval se révèle particulièrement habile.

Napoléon est à Sisteron le 5 mars. Le sous-préfet est Louis Bignon, nommé à ce poste le 1er juin 1800. Lui aussi choisit l'inactivité. C'est le maire, Gombert, qui mène la résistance en lançant avant l'arrivée de Napoléon une proclamation où il défend « le trône légitime » et dénonce « l'usurpateur ». Mais il se garde de faire sauter le pont de Sisteron.

À peine descendu à l'hôtel du Bras d'or, Napoléon convoque le maire et le sous-préfet. Bignon hésite puis choisit, explique-t-il dans un rapport, de se présenter porteur de la décoration du Lys.

« “Que portez-vous là ?

« – Sire, c'est la décoration du Lys.

« – Quittez cela, non pas pour moi, mais pour mes soldats qui pourraient le trouver mauvais. Si encore c'était la croix de Saint-Louis, passe. Il y a dans cette distinction des mérites et des services. Mais le Lys n'est qu'une affaire de parti et je viens pour les rallier tous. Je ne reviens que parce que la France me rappelle. Les Bourbons sont d'excellentes gens, Louis XVIII surtout, mais ils ont la main trop molle. D'ailleurs que peut-on me reprocher ?

« – Bien des choses, reprend Bignon (avec une fausse naïveté) ; d'abord la conscription puis les droits réunis, puis encore...

« – Ah, si je les avais crus, interrompt vivement Napoléon, ils m'en auraient fait faire davantage, mais j'arrangerai tout cela. Et de quel pays êtes-vous ?

« – Du Berry, Sire.

« – Du Berry ! Ces Berrichons sont de bons enfants", reprend Napoléon en frappant légèrement avec deux doigts sur la joue de Bignon. Et, appelant aussitôt Bertrand qui était dans une chambre voisine : "Bertrand ! Venez voir un de vos compatriotes[1]." »

Bignon peut espérer ainsi avoir ménagé les deux camps.

*

* *

À cette date, les résistances viennent de préfets qui ne sont pas sur le passage de l'Empereur. À Valence, le préfet de la Drôme, le marquis d'Escorches, nommé dans ce département en 1801 et qui a beaucoup à se faire pardonner par la monarchie, lance une belle proclamation : « Habitants de la Drôme, vous montrerez à notre roi que c'est par des actions que vous savez marquer votre

1. *Ibid.*

reconnaissance pour les bienfaits de son règne[1] ! » Que risque-t-il ?

Le préfet du Vaucluse, Rouen des Mallets, ancien auditeur au Conseil d'État, nommé à Avignon le 15 décembre 1813 et maintenu par Louis XVIII, reste plus modéré. Trop, en définitive, car on attend plus de résistance du Vaucluse. Il est destitué par Louis XVIII le 15 mars et remplacé par Charles de Vanssay qui ne fera pas mieux.

C'est au tour du département des Hautes-Alpes d'être traversé. Le préfet Harmand d'Abancourt, fils d'un député aux états généraux qui fut préfet de la Mayenne, est issu de l'administration napoléonienne. Il a été surnuméraire au ministère de l'Intérieur, sous-préfet de Savenay, auditeur au Conseil d'État, avant d'être nommé préfet des Hautes-Alpes le 13 janvier 1814. Dès qu'il apprend l'arrivée de Napoléon à proximité de Gap, il confie l'intérim de la préfecture au secrétaire général Farnaud. Il a prévenu Paris, si l'on en croit *Le Moniteur* du 11 mars, que « l'esprit est bon mais, surpris à l'improviste, les habitants ne peuvent offrir des ressources importantes ». Il se limite à une proclamation dont le ton violent tranche avec son inaction. « Un ennemi funeste à votre repos, l'homme qui a coûté à la France et à l'Europe tant de sang et de larmes, après s'être targué, lors de son abdication, d'une générosité mensongère », tel est le portrait de Napoléon qu'il offre à ses administrés, ajoutant que

1. Troussier, *La Chevauchée héroïque du retour de l'île d'Elbe*, p. 31.

« l'usurpateur ne promet que la conscription et la guerre perpétuelle ».

Quand Napoléon arrive dans la nuit à Gap, il convoque le maire, un colonel du génie en retraite, d'Abon. Ce n'est que le lendemain qu'il s'inquiète de l'absence du préfet auprès du secrétaire général :

« Où est-il passé ?

– Il doit être du côté de Grenoble, répond Farnaud.

– Sur la route que je dois suivre ?

– Oui, Sire, il a cru, avec quelques personnes, que vous alliez par le Montgenèvre vous jeter en Italie où l'on dit que Votre Majesté a beaucoup de partisans », précise Farnaud, de plus en plus courtisan et qui espère être nommé préfet.

« Quelle extravagance m'a-t-on prêtée là, réplique Napoléon en souriant avec dédain. Je vais à Paris. Le 20 mars, je serai rendu[1]. » Voilà qui remplit d'espoir Farnaud, d'autant qu'Harmand va commettre l'erreur de rallier le duc d'Angoulême qui en fera un commissaire du roi. Mais Harmand voit plus loin que Farnaud : il finira pair de France tandis que Farnaud ne deviendra jamais préfet...

*

* *

Napoléon marche maintenant vers Grenoble. Rien n'est encore joué. Jean-Joseph Fourier, préfet

---

1. *Ibid.*, p. 34-35.

de l'Isère depuis le 12 février 1802, est un savant. Venu de l'Oratoire, il a été l'adjoint de Prony à l'École polytechnique pour le cours d'analyse appliquée. Il a fait partie de l'expédition d'Égypte. On pourrait le croire favorable à Napoléon. Il n'en est rien.

À l'inverse de ses collègues, Fourier va organiser la résistance à Napoléon. Il est vrai que les conditions ont changé depuis l'apparition surprise de Napoléon à Castellane. Le roi a donné des ordres et a signé une ordonnance qui déclare « Napoléon Bonaparte traître et rebelle ». Ne pas s'opposer, attitude choisie par Duval à Digne, relèverait désormais de la trahison.

Mais que peut-il faire à partir du moment où l'armée n'obéit plus au général Marchand ? En vain harangue-t-il le maire et le conseil municipal de Grenoble pour susciter une réaction des notables ; en vain interdit-il les rassemblements d'ouvriers. Il n'a aucun moyen d'action. En définitive, il ne peut qu'abandonner Grenoble à Napoléon, le 7 mars. Toutefois, avant de s'enfuir, il laisse au corps de garde établi à la préfecture une lettre adressée au général Bertrand, l'un des compagnons de Napoléon. Il y rappelle l'ancienne amitié qui les a liés en Égypte et le prie à ce titre d'accepter son hôtel pour logement, regrettant que les circonstances ne lui permettent pas de l'attendre et de l'embrasser. Lettre habile. Après avoir fait son devoir, Fourier ménage l'avenir. Napoléon pardonnera.

Dans le court laps de temps qui conduit Napoléon de Golfe-Juan à Grenoble, aucun préfet ne s'est rallié à lui, mais certains ont eu une attitude quelque peu ambiguë.

CHAPITRE IV

Talleyrand et Fouché

On devine qu'avec Talleyrand et Fouché, deux hommes qui comptent alors, la notion de légitimité et les devoirs qu'elle entraîne passent au second plan.

À peine Louis XVIII restauré, on leur a prêté une intrigue en faveur du duc d'Orléans, en juillet 1814, puis la reprise de leur vieux dessein, une régence de Marie-Louise avec un conseil qu'ils domineraient. Il est vrai qu'on ne prête qu'aux riches... Du moins les deux anciens ministres de Napoléon sont-ils d'accord sur un point : reléguer l'empereur déchu dans une partie du monde plus éloignée de la France que l'île d'Elbe.

Talleyrand était à Vienne depuis le 23 septembre et s'était établi à l'hôtel Kaunitz qu'il avait loué pour la légation française. D'emblée, il s'était imposé aux vainqueurs de Napoléon réunis en congrès par un discours qui forçait les Alliés à tourner la page. C'est sur ce mot d'alliés qu'il avait joué son va-tout en déclarant devant les représentants des puissances européennes : « Alliés, et contre qui ? Ce n'est plus contre Napoléon : il est à l'île d'Elbe ; ce n'est plus contre la France : la paix est faite ; ce n'est sûrement pas contre le roi de France : il est garant de la durée de la paix. Messieurs, parlons franchement, s'il y a encore des puissances alliées, je suis de trop ici [1]. »

Par la suite, Talleyrand avait su jouer des divisions entre les vainqueurs, notamment à propos de la Saxe, que la Prusse, appuyée par la Russie, voulait démembrer à son profit.

Le 4 janvier 1815, Talleyrand écrivait à Louis XVIII : « Maintenant, Sire, la coalition est dissoute, et elle l'est pour toujours. Non seulement la France n'est plus isolée en Europe, mais [...] elle marche de concert avec deux des plus grandes puissances [l'Autriche et l'Angleterre] [2]. »

*
* *

C'est dire que le retour de Napoléon remettait en cause les succès rencontrés par ce redoutable mais contesté diplomate. La nouvelle du débarquement de Napoléon parvint à Vienne au petit matin du 7 mars. Metternich en a raconté les circonstances :

> « Dans la nuit du 6 au 7 mars, il y avait eu dans mes appartements une réunion des représentants des cinq puissances. Cette réunion s'était prolongée

1. G. Lacour-Gayet, *Talleyrand*, t. II, p. 431.
2. *Ibid.*, p. 434.

jusqu'à 3 heures du matin. J'avais défendu à mon valet de chambre de déranger mon repos si les courriers arrivaient tard dans la nuit. Malgré cette défense, l'homme m'apporta vers 6 heures une dépêche par exprès marquée "urgent". Sur l'enveloppe je lus ces mots : "Du consulat général impérial et royal à Gênes". Comme je n'étais dans mon lit que depuis deux heures environ, je posai la dépêche sans l'ouvrir sur ma table de nuit. J'essayai de me rendormir. Mais, après ce réveil, il me fut impossible de retrouver le sommeil. Vers 7 h 30, je me décidai à ouvrir l'enveloppe. Elle ne contenait que les six lignes suivantes : "Le commissaire anglais Campbell vient d'entrer dans le port pour s'informer si personne n'avait vu Napoléon à Gênes après sa disparition de l'île d'Elbe. La réponse étant négative, la frégate anglaise a repris la mer sans tarder." Je m'habillai à la hâte et, avant 8 heures, j'étais auprès de mon empereur. Il lut la dépêche citée plus haut, puis, avec ce calme magnifique dont il ne se départissait jamais dans les grandes occasions, il me dit : "Napoléon paraît avoir envie de courir de grands risques ; c'est son affaire. La nôtre est de donner au monde cette tranquillité qu'il a troublée pendant tant d'années. Allez tout de suite trouver l'empereur de Russie et le roi de Prusse ; dites-leur que je suis prêt à donner l'ordre à mes armées de prendre une fois de plus la route de France. Je ne doute point que ces deux souverains ne se joignent à ma marche[1]." »

À 8 h 15, Metternich a l'accord du tsar ; à 8 h 30, celui du roi de Prusse. Il convoque pour 10 heures

1. *Mémoires* de Metternich dans Nicholson, *Le Congrès de Vienne*, p. 227.

les représentants de la Russie, de la Prusse, de l'Angleterre et de la France.

Dix heures est une heure matinale pour Talleyrand. Il paraît pourtant à l'heure dite dans le cabinet de Metternich. Il est ainsi décrit par un témoin : « Il est plutôt gras pour un Français, ses chevilles sont faibles, ses pieds déformés et il a trottiné d'une façon bizarre. Son visage n'a aucune expression, à moins qu'il ne s'agisse d'une stupeur alcoolique ; en fait, il a l'air d'un maître d'école de village, vieilli, ivre, boiteux ; sa voix est profonde et rauque. »

Mais ce boiteux hagard est le premier à être introduit dans le cabinet de Metternich, avant les autres ministres des Affaires étrangères. A-t-il flairé quelque chose ? Cela fait longtemps qu'il prêche pour un éloignement de Napoléon des côtes françaises et italiennes. Le premier à pénétrer chez Metternich, il est le premier à apprendre la nouvelle du débarquement de Napoléon. Son impassibilité n'étonne pas l'Autrichien. Un dialogue s'engage :

« *Talleyrand* : Savez-vous où va Napoléon ?

« *Metternich* : La dépêche ne le dit pas.

« *Talleyrand* : Il va débarquer quelque part sur la côte italienne et se précipiter en Suisse.

« *Metternich* : Non, il va droit à Paris[1]. »

Surgissent alors Hardenberg, Wellington et Nesselrode. Talleyrand a été ministre de Napoléon. Certes, il est surveillé par la police autrichienne à Vienne depuis septembre comme les autres partici-

1. *Mémoires* de Metternich, t. I, p. 206.

pants au congrès : il ne pouvait que difficilement être complice du retour de l'Empereur. L'idée d'une nouvelle trahison du diable boiteux n'en est pas moins dans tous les esprits. Il lui faut réagir au plus vite.

Ce 7 mars, il écrit aussitôt au roi Louis XVIII pour l'assurer de sa fidélité et lui communiquer les renseignements recueillis à Vienne. Il ajoute : « Je ne puis croire qu'il ose rien tenter sur nos provinces méridionales. Il ne s'y hasarderait qu'à la faveur d'intelligences qu'il n'est pas à supposer qu'il ait. Il n'en est pas moins nécessaire de prendre des précautions de ce côté et d'y mettre des hommes de choix et parfaitement sûrs. Du reste toute entreprise de sa part sur la France serait celle d'un bandit. C'est ainsi qu'il devrait être traité, et toute mesure permise contre les brigands devrait être employée contre lui[1]. » Talleyrand croit en une marche de Napoléon sur Gênes ou Parme, en liaison avec Murat et exploitant le mécontentement des Italiens à l'égard de l'occupant autrichien.

Il rassure le roi : « Les suites de cet événement ne sauraient être encore prévues, mais il peut en avoir d'heureuses si l'on sait en tirer parti. »

Dans l'immédiat, il s'efforce à Vienne de faire régler au plus vite l'affaire de Saxe, cause de division entre les Alliés. Impossible de rédiger une déclaration quelconque contre Napoléon tant que l'on ignore ses intentions. Mais il faut y penser.

1. *Correspondance du prince de Talleyrand et du roi Louis XVIII*, p. 318.

C'est ce qu'écrit Talleyrand : « Je ferai tout ce qui sera en moi pour qu'ici l'on ne s'endorme pas et pour faire prendre par le congrès une résolution qui fasse tout à fait descendre Buonaparte du rang que, par une inconcevable faiblesse, on lui avait conservé, et le mettre enfin hors d'état de préparer de nouveaux désastres à l'Europe. » C'est dire que Talleyrand est convaincu de l'échec à court terme de Napoléon.

Ce n'est que le 12 mars qu'il peut annoncer à Louis XVIII que cette déclaration est prête. Il indique fièrement qu'elle est l'œuvre de la légation française. Le projet a été soumis à Metternich et à Wellington. Talleyrand se propose de l'envoyer au roi dès son adoption par les Alliés. En attendant, il recommande au monarque d'utiliser Macdonald pour contenir Napoléon dans le Midi : « C'est un homme d'honneur à qui l'on peut se fier comme ayant la confiance de l'armée et parce qu'ayant signé pour Bonaparte le traité du 11 avril, son exemple en a plus de poids lorsqu'il marche contre lui. »

Le 13, Talleyrand est en mesure d'envoyer au roi la déclaration de l'Europe contre « l'usurpateur ». À propos de ce mot, il notera curieusement dans ses *Mémoires* : « Je l'appelle ainsi parce que c'est là ce que fut Napoléon à son retour de l'île d'Elbe. Jusque-là il avait été conquérant, ses frères seuls avaient été usurpateurs[1]. »

1. *Mémoires* de Talleyrand, éd. Tulard, p. 347.

La déclaration du congrès de Vienne contre Napoléon fut en effet adoptée le 13 mars. La colère d'Alexandre avait été grande contre celui qu'il surnommait désormais « le monstre ». Il se reprochait comme une imprudence de l'avoir toléré à l'île d'Elbe. De leur côté, les Prussiens soufflaient sur le feu, « flairant l'occasion d'une vengeance plus complète que celle de 1814 ».

La déclaration des huit puissances signataires du traité de Paris affirmait que « Buonaparte avait rompu le seul titre légal auquel son existence se trouvait attachée ». Il était placé « hors des relations civiles et sociales », et, devenu « perturbateur du repos du monde », il était livré à « la vindicte publique ». Comme le note Albert Sorel, « c'était le hors-la-loi de la Convention [à l'égard de Robespierre], le hors-la-loi de Brumaire traduit en langage monarchique ». L'Europe s'engageait ainsi à soutenir la cause de Louis XVIII.

En même temps qu'il l'adressait à Paris, Talleyrand s'occupa personnellement de l'envoi de la déclaration aux préfets du Bas-Rhin, du Doubs, du Rhône, de la Meurthe, de la Moselle et de la Marne, « avec invitation de la faire imprimer et connaître dans leurs départements respectifs et aux préfets voisins ». Cette déclaration, dans son esprit, devait empêcher les fonctionnaires français de rallier un homme mis au ban des nations.

La déclaration fut complétée, toujours sous l'action de Talleyrand, par un traité, signé le 18 mars, qui ressuscitait le pacte de Chaumont, conclu un an plus tôt. Aucun des signataires ne déposerait les armes tant que Napoléon n'aurait pas été mis hors d'état de nuire.

En s'engageant ainsi, Talleyrand ne pouvait ignorer qu'il se fermait toute possibilité de ralliement à Napoléon. Sans doute considérait-il qu'une réconciliation était impossible. Surtout, son attitude montrait qu'il ne croyait pas aux chances de l'Empereur.

*
* *

Au même moment, Fouché n'y croyait pas davantage. Mais le retour de Napoléon ne l'avait pas surpris. Il était rentré trop tard d'Italie pour jouer un rôle dans la restauration de Louis XVIII en avril 1814. Son goût pour l'intrigue en avait souffert. Mais il n'avait pas perdu de temps. Dès le 25 avril, il faisait connaître au comte d'Artois la lettre qu'il venait d'adresser (du moins le prétendait-il) à Napoléon. Il écrivait à celui-ci : « Lorsque la France et une partie de l'Europe étaient à vos pieds, j'ai osé vous faire entendre constamment la vérité. Aujourd'hui que vous êtes dans le malheur, je crains bien davantage de vous blesser en vous parlant un langage sincère, mais je vous le dois parce qu'il vous est utile et même nécessaire. » Cet exorde était suivi d'un conseil : refuser l'île d'Elbe, trop proche de la France : « On dira que vous gardez toutes vos prétentions, que le rocher d'Elbe est le point d'appui sur lequel vous chercherez encore à soulever le monde[1]. » Fouché recommandait à Napoléon de se retirer aux États-Unis.

Cette lettre allait peser lourd par la suite. Elle devait convaincre le comte d'Artois de la lucidité de Fouché. Comme Talleyrand, il considérait que le choix de l'île d'Elbe pour résidence de l'empereur déchu était une erreur. « Napoléon serait pour l'Italie, pour la France, pour toute l'Europe ce que le Vésuve est à côté de Naples. »

Dans le même temps, Fouché inspirait un certain nombre de notes qui arrivaient sur le bureau du roi, vantant Fouché, suggérant le rétablissement du ministère de la Police générale en sa faveur. Louis XVIII se fût aisément laissé convaincre de prendre Fouché, mais il dut compter avec la duchesse d'Angoulême, la fille de Louis XVI, dont l'intransigeance, par ailleurs compréhensible, devait compromettre la cause des Bourbons.

Écarté de la Chambre des pairs, Fouché n'en continuait pas moins d'adresser des notes d'une grande perspicacité à Louis XVIII. En vain. Talleyrand, qui cherchait un repoussoir, s'était ingénié à soutenir son compère, l'invitant rue Saint-Florentin ou se rendant chez le duc d'Otrante à Ferrières, mais sans succès. Fouché vivait depuis en reclus, mais conservait des relations épistolières avec Talleyrand. Il n'en était pas moins surveillé par la police d'Anglès, ministre du 3 avril au 13 mai 1814, puis par la direction générale de Beugnot.

1. Cité par Tulard, *Fouché*, p. 300. Cette lettre fut-elle envoyée ?

Une note faisait ainsi parler Fouché : « La Cour s'obstine toujours à voir les hommes et les choses tels qu'ils étaient il y a vingt-cinq ans. On ne parvient pas à persuader à un peuple que tout ce qu'il a admiré pendant vingt-cinq ans a été mauvais. Le roi aurait dû reconnaître qu'on avait exécuté beaucoup de choses et dire : "Je suis bien aise de trouver la nation grandie." Il y avait pire : les pamphlets qui se multipliaient contre Napoléon. Pourquoi imprimer des injures journalières contre Napoléon ? C'est occuper sans cesse de lui. J'avais absolument défendu qu'on parlât dans les journaux, ni en bien ni en mal, des Bourbons. Aussi la moitié de la France les avait-elle oubliés[1]. »

S'il feignait le détachement, Fouché n'en tissait pas moins sa toile. Que voulait-il ? Dès septembre 1814, il jugeait Louis XVIII trop affaibli. Consulté par Metternich, il lui confiait que la République était impossible, que le duc d'Orléans la confisquerait aussitôt[2]. C'était prévoir juillet 1830. Il croyait en Napoléon II, affirmant qu'il « pouvait être accepté de tous ». Il le faisait savoir à tous ceux qui, de la reine Hortense, dont il fréquentait le salon, à Regnaud de Saint-Jean-d'Angély et Exelmans, intriguaient contre le régime. Il revenait constamment sur les dangers que présenterait un retour de Napoléon. À d'André, le successeur de Beugnot à la tête de la police, il affirmait : « Si nos

---

1. Les rapports d'Anglès et de Beugnot sont hostiles à Fouché.

2. Cité par Madelin, *Fouché*, t. II, p. 319.

côtes sont encore pendant quelques mois dans le même abandon, le printemps nous ramènera Bonaparte avec les hirondelles et les violettes. » Alors, confiait-il, tout dépendrait de « l'attitude du premier régiment rencontré par l'Empereur[1] ».

Il avait rêvé d'une révolution chassant les Bourbons et installant Napoléon II. Il dut faire avec le retour de Napoléon Ier. Il apprit la nouvelle peu après les Tuileries. Sans perdre de temps, il jugea utile de tenir son rôle dans l'insurrection qui ne pourrait manquer d'éclater. Il connaissait les généraux qui conspiraient contre Louis XVIII. Sans les informer entièrement, il les invita à passer à l'action dans le Nord. Mais, dans le même temps, il se gardait de rompre le contact avec les Tuileries, lucide sur les chances d'avenir de Napoléon. Il allait pouvoir à nouveau pêcher en eaux troubles.

---

1. Cité par Madelin, *Fouché*, t. II, p. 321.

CHAPITRE V

Les maréchaux

Les maréchaux devaient honneurs et fortune à Napoléon. Sans lui beaucoup seraient restés obscurs. Certains n'en avaient pas moins pesé lourdement sur sa décision d'abdiquer le 4 avril. Usés par de trop nombreuses campagnes, ils n'aspiraient qu'à la paix et s'étaient ralliés sans états d'âme à Louis XVIII. Le retour de Napoléon remettait en cause non seulement leur quiétude mais aussi leurs serments. C'est dans ce type d'épreuves qu'ils devaient révéler leur véritable caractère.

Ils s'étaient ralliés, mais, accueillis à bras ouverts – à l'exception de Davout, dont le commandement à Hambourg avait fait l'objet de vives critiques –, ils avaient ensuite, à quelques exceptions près, été écartés de la Cour et envoyés en province : Jourdan à Rouen, Augereau à Lyon, Mortier à Lille, Oudinot en Alsace, Masséna en Provence, Macdonald en Touraine... Plusieurs essuyaient, à travers leurs épouses, des humiliations qui expliquent certaines défections. « Vous êtes bienheureux de vous être mis à l'écart, confiait Ney à Lavalette. Vous n'aurez à subir ni insultes ni injustices. Ces gens-là ne connaissent rien, ils ne savent pas ce que c'est que Ney. Faudra-t-il le leur apprendre[1] ? »

Le premier des maréchaux à connaître le débarquement de Napoléon fut Masséna. Écarté de la péninsule Ibérique en mai 1811 et remplacé par Marmont, il avait été nommé gouverneur de la 8e division militaire à Toulon le 11 avril 1813. Il y rongeait encore son frein en mars 1815. « L'enfant chéri de la victoire », le vainqueur de Zurich, le défenseur de Gênes ne s'était jamais senti très proche de Napoléon. Il passait pour avoir refusé de voter en faveur du consulat à vie et n'avait pas hésité à prendre position publiquement en faveur de Moreau en 1804. Il est vrai que, convaincu peu après de son erreur, il avait fait amende honorable et était devenu maréchal lors de la première promotion.

Il n'avait pas été de l'expédition d'Égypte et ne comptait donc pas parmi les fidèles de Napoléon. Il n'était pas à Austerlitz, il n'était pas non plus à Iéna et pas davantage à Eylau. C'est la campagne de 1809 qui lui valut d'être comblé d'honneurs et de recevoir le titre de prince d'Essling. Mais, envoyé dans la péninsule Ibérique, il déçut l'Empereur, et leurs relations se refroidirent. Malade, il se retrouva à Nice, sa patrie, et devint gouverneur de la 8e division militaire, qu'il défendit contre les Anglais. Il adhéra, le 14 avril, au nouveau gouvernement et se vit maintenu par Louis XVIII à la tête de sa division militaire.

1. *Mémoires* de Lavalette, t. II, p. 131.

Il était à Marseille, le 3 mars, lorsqu'il reçut une dépêche du général Abbé signalant le débarquement d'une cinquantaine d'hommes de l'ancienne garde impériale ; aucune mention de la présence de Napoléon. Il importait avant tout de neutraliser au plus vite ce groupe s'il manifestait des intentions hostiles. Instruisant le ministre de la Guerre Soult de l'incident, il le minimise : « Ce n'est qu'un débarquement de quelques hommes ennuyés de rester à l'île d'Elbe. » Il ne prévient pas le préfet, malgré la suggestion du colonel de gendarmerie Vincent. Le soir, le préfet du Var, le comte de Bouthillier, lui fait parvenir des précisions qui changent tout : les hommes sont un millier avec des canons ; parmi eux, Napoléon lui-même. Cette petite armée marche sur Grenoble[1].

Masséna a-t-il hésité ? A-t-il temporisé pour permettre à l'Empereur de s'éloigner du territoire de la 8e division militaire ? Rien ne permet de l'affirmer. « Il prend sur-le-champ toutes les mesures possibles pour arrêter les progrès de la colonne de l'île d'Elbe », lit-on dans la notice qui précède ses *Mémoires*. Pas d'états d'âme. Louis XVIII est le souverain légitime et il rend compte à Paris de ses dispositions.

Le général Miollis, un autre vétéran, à la tête du 83e de ligne et de six compagnies du 58e, se porte sur Sisteron. Masséna ne peut ignorer que ces mesures seront sans effet réel puisque Napoléon a maintenant deux journées d'avance. Lui prêter

1. Houssaye, *1815*, p. 219.

l'idée d'un double jeu serait toutefois injuste. Le 3 mars, il est fidèle à Louis XVIII. Ce que confirme sa proclamation du 9 : « L'ennemi a passé avec trop de rapidité sur les frontières de mon gouvernement pour qu'on pût s'y opposer. Mais j'ai prévenu en temps utile toutes les autorités qui peuvent l'arrêter dans sa marche. Habitants de Marseille ! Vous pouvez compter sur mon zèle et sur mon dévouement. J'ai juré fidélité à notre roi légitime. Je ne dévierai jamais du chemin de l'honneur. Je suis prêt à verser tout mon sang pour le soutien de son trône [1]. »

Le deuxième maréchal à apprendre le retour de l'Empereur est Soult. On a vu plus haut le sort de la dépêche que Chappe remet à Vitrolles et que Vitrolles porte au roi sans l'ouvrir. Impassible, le monarque déclare : « Il faut porter cette lettre au ministre de la Guerre. Il verra ce qu'il y aura à faire. » Sans tarder, Vitrolles se précipite, la dépêche à la main. Par chance, on se le rappelle, il croise Soult sur le pont Royal. Il lui montre le papier et scrute sur le regard du maréchal une réaction défavorable au roi, un réveil de fidélité à l'Empereur. Rien.

Aux Tuileries, Soult demeure sceptique. Pour lui, ce débarquement ne présente aucune certitude. Il faudrait en attendre la confirmation. Veut-il gagner du temps ? Le soir, pourtant, il fait état d'un mouvement de troupes, trente mille hommes à la frontière des Alpes pour contenir d'éventuels troubles à

1. *Archives parlementaires*, t. XIV, p. 320.

proximité de l'Italie ou en Italie. L'opération avait été demandée par Talleyrand, qui poussait à la destitution de Murat. Pourquoi ne pas envoyer ces soldats à la rencontre du millier d'hommes de Bonaparte ? Qui les commanderait ? Le comte d'Artois flanqué sur son aile gauche du duc de Berry, sur son aile droite du duc d'Angoulême. Il demande que leur soient adjoints Gouvion-Saint-Cyr, Macdonald et Ney, trois maréchaux qui seront ainsi compromis. C'est, les maréchaux mis à part, le plan qu'expose Vitrolles dans ses *Mémoires*.

Soult n'a rien eu à se reprocher en 1814, où il a longtemps résisté devant les Anglais dans le Midi. Rallié, comme les autres, à Louis XVIII, il a accepté le commandement de la division militaire de Rennes puis, le 3 décembre 1814, ce portefeuille de la Guerre qui le met en vue. Son attitude, les 5 et 6 mars, est sans ambiguïté. Il adresse un ordre du jour à l'armée : « Cet homme qui abdiqua un pouvoir usurpé dont il avait fait un si fatal usage, Bonaparte, est descendu sur le sol français qu'il ne devait plus revoir. Que veut-il ? La guerre civile ? Que cherche-t-il ? Des traîtres. Les trouverait-il parmi les soldats qu'il a trompés et sacrifiés tant de fois ? Au sein de ces familles que son nom seul remplit d'effroi ? Cet homme n'est plus qu'un aventurier que son dernier acte de démence achève de faire connaître[1]. »

C'est déclarer la guerre à Napoléon. Certes, il convient mal à Soult de parler d'un pouvoir impé-

1. *Le Moniteur* du 6 mars.

rial usurpé, car il a servi ce pouvoir, mais il peut penser toucher juste quand il rappelle la légende de l'ogre de Corse et agite la menace d'une guerre civile. Il a pris ses responsabilités : au tour des trois maréchaux qu'il a désignés de prendre les leurs.

Gouvion-Saint-Cyr n'a jamais compté parmi les favoris de Napoléon. C'est qu'il a longtemps combattu loin de lui, en Italie et en Espagne. Il n'est fait maréchal que le 27 août 1812. C'est lors de la campagne d'Allemagne qu'il donne la mesure de ses talents militaires, mais, chargé de la défense de Dresde, il doit capituler en novembre 1813. Retenu prisonnier, il ne rentre en France qu'en juin 1814. Humilié, désabusé, il se retire dans sa propriété de Reverseaux. Sans doute ne pleure-t-il pas sur la chute d'un régime que, républicain de cœur, il n'a servi que par patriotisme.

Mais il ne se rallie pas à Louis XVIII, c'est la monarchie qui lui fait des avances. Avant son retour, n'a-t-il pas été désigné pour faire partie de la Chambre des pairs ? Gouvion-Saint-Cyr n'en reste pas moins à l'écart, se contentant de quelques conseils, écrivant au roi : « Si vous voulez que l'armée soit à vous, laissez-lui son drapeau[1]. »

Le 7 mars, l'ordre lui parvient à Reverseaux de se rendre à Lyon sur-le-champ. Le maréchal s'imagine qu'il s'agit d'une démonstration sur les frontières du Piémont qui aurait eu pour but d'appuyer la diplomatie de Talleyrand. Il a eu vent des mouvements de troupes ordonnés par Soult vers l'Italie.

---

1. Ch. d'Ainval, *Gouvion-Saint-Cyr*, p. 146.

C'est sur la route de Lyon qu'il apprend la nouvelle du retour de Napoléon. Aucune hésitation. Il continue sa route. Le 11, il rencontrera, près de Moulins, le comte d'Artois fuyant Lyon et qui l'instruira de l'entrée de Napoléon dans cette ville. Gouvion-Saint-Cyr retournera donc vers la capitale, mais ce sera pour se mettre au service de Louis XVIII.

On a prétendu que Soult aurait volontairement perdu vingt-quatre heures avant de prévenir Gouvion-Saint-Cyr. On ne voit pas les raisons de ce retard. Jalousie ? Mais c'est Soult lui-même qui a suggéré le nom de Gouvion. S'il y a eu effectivement retard, celui-ci est dû aux bureaux du ministère de la Guerre, brusquement débordés ou déjà ralliés de cœur à Napoléon. En tout cas, la fidélité de Gouvion-Saint-Cyr à la cause royale ne peut être suspectée.

Macdonald avait été désigné comme lieutenant du duc d'Angoulême à la tête de l'armée du Gard. Encore un maréchal qui n'appartenait pas au carré de fidèles de Napoléon. Déjà en vue sous la Révolution, ce fils d'un Écossais jacobite était général en 1793 et s'illustra à la frontière du Nord puis en Italie. Réservé sur le coup d'État de brumaire, mis à l'écart pour avoir soutenu Moreau en 1804, il avait conquis la faveur de Napoléon en enfonçant le centre autrichien à Wagram. Il y gagna son bâton de maréchal et le titre de duc de Tarente. En Russie puis en Allemagne, il se bat si bien que Napoléon, revenu de ses préventions anciennes, le charge, en compagnie de Ney et Caulaincourt, de négocier avec les Alliés le 4 avril 1814.

Louis XVIII reconnaît ses mérites en faisant de lui un pair de France le 4 juin 1814, puis le gouverneur de la 21e division militaire à Bourges. C'est là que Macdonald apprend sa nomination puis le retour de l'Empereur. Pour se rendre de Bourges à Nîmes auprès du duc d'Angoulême, il doit passer par Nevers et Lyon. Gouvion-Saint-Cyr tardant à arriver auprès de Monsieur, pour les raisons que l'on a vues, le comte d'Artois demandera à Macdonald de s'arrêter sur les bords du Rhône. Le maréchal obéit sans problèmes, se mettant à la disposition de Monsieur. Sa fidélité est inébranlable.

*
* *

C'est sur le maréchal Ney que comptait surtout Louis XVIII. Certes, Ney boudait les Bourbons en raison des petites humiliations imposées à son épouse. Mais « on estimait qu'après s'être si brutalement comporté envers l'ex-empereur à Fontainebleau il devait craindre son ressentiment et ferait tout pour l'empêcher de ressaisir le pouvoir ».

L'entourage du roi s'illusionnait. À l'inverse de Macdonald ou de Masséna, le maréchal avait des liens affectifs avec Napoléon. Certes, il n'avait été ni de l'Italie ni de l'Égypte ; il s'était de plus illustré à Hohenlinden sous Moreau, le rival de Bonaparte, mais, fait maréchal le 19 mai 1804, il avait prouvé sa reconnaissance en gagnant à Elchingen et en combattant sur tous les champs de bataille de l'Europe, même s'il n'avait pas toujours été excellent, en Espagne notamment, où Masséna avait dû le suspendre pour insubordination. La retraite de Russie, où il avait été admirable, avait fait de lui le maréchal le plus populaire auprès de l'armée. De là le choix de Soult. Pourtant, nerveux, impulsif, imprévisible, ne risquait-il pas d'abandonner la cause des Bourbons comme il avait tout à coup cessé d'obéir à Napoléon en avril 1814 ?

Louis XVIII l'avait nommé pair de France et gouverneur de la 6e division militaire à Besançon, sans vraiment se l'attacher. Si Soult songe à Ney en ce début de mars 1815, il est animé de raisons « géographiques » : c'est que Ney commande à Besançon et peut aller couper la route de Napoléon.

Ney se trouvait sur sa terre des Coudreaux lorsque lui parvint l'ordre de rejoindre l'aile gauche de l'armée royale. Il passa par Paris et c'est de son notaire qu'il apprit le retour de Napoléon : « Quel malheur ! Quelle chose affreuse ! se serait-il écrié. Que va-t-on faire ? Qui opposer à cet homme-là ? » Pas un instant il ne parut envisager de rejoindre Napoléon. Au contraire, le 7 mars, il se présentait aux Tuileries. Louis XVIII lui réserva un accueil chaleureux : il était l'un des atouts du roi, car lui seul pouvait maintenir l'armée dans la fidélité à la cause monarchique. Étonné par cet accueil qu'il n'attendait pas, touché par la confiance que lui accordait le vieux souverain invalide, impressionné au fond de lui-même par la majesté de Louis XVIII, il se laissa emporter par sa fougue naturelle et, baisant la main du monarque, il lui dit bien imprudemment, selon le témoignage du duc de Duras : « Sire, j'espère bien venir à bout de le ramener dans une cage de fer. – Je n'en demande pas tant », aurait murmuré le roi[1].

*
* *

Les autres maréchaux apprendront la nouvelle plus tard. Pour deux d'entre eux, c'est une mauvaise nouvelle : Augereau n'était pas sorti grandi de la crise de 1814, où il avait abandonné un peu trop rapidement la cause impériale. Aurait-il pu faire mieux à Lyon ? Il pouvait en tout cas se dispenser de faire diffuser, le 16 avril 1814, une proclamation où il présentait Napoléon comme « un homme qui, après avoir sacrifié des milliers de victimes à sa cruelle ambition, n'a pas su mourir en soldat[2] ».

Louis XVIII l'avait fait pair de France et lui avait confié une division militaire, la 19e, mais il était tenu à l'écart, jugé trop révolutionnaire, coupable, le 18 fructidor, d'avoir empêché le coup d'État royaliste que préparait Pichegru. Il dissimulait sa haine et sa rancœur, mais pouvait-il rejoindre Napoléon ?

La nouvelle du retour de l'Empereur atteignit Marmont de plein fouet. Il avait connu Bonaparte au siège de Toulon, l'avait suivi en Italie, en

1. Houssaye, *1815*, p. 271.
2. Couturaud, *Augereau*, p. 174.

Égypte, à Marengo et lors de la campagne de 1805. Fait maréchal en 1809, il a combattu en Espagne, en Allemagne, puis, assuré la défense de Paris. Hélas pour lui, son attitude après la chute de la capitale a paru relever de la trahison et a précipité l'abdication sans conditions de Napoléon. Il a été le maréchal le plus comblé d'honneurs par Louis XVIII : pair de France, capitaine de la 6e compagnie des gardes du corps du roi... Mais il doit faire face à la suspicion et au mépris. Par allusion à son titre de duc de Raguse, on invente le mot « ragusade » pour désigner une trahison.

En ce début de mars, les difficultés familiales accablent Marmont. Sa femme, née Perregaux, veut divorcer; sa mère meurt à Châtillon le 27 février. Et c'est à Châtillon que la nouvelle du retour de Napoléon le surprend. La proclamation de Napoléon au peuple en date du 1er mars est bientôt connue. Elle met en cause Augereau qui « livra Lyon sans défense à nos ennemis », mais c'est surtout Marmont qui est dénoncé : « L'élite de l'armée ennemie était perdue sans ressources, elle eût trouvé son tombeau dans ces vastes contrées qu'elle avait si impitoyablement saccagées, lorsque la trahison du duc de Raguse livra la capitale et désorganisa l'armée. » Et de conclure : « La conduite inattendue de ces deux généraux [Augereau et Marmont], qui trahirent à la fois leur patrie, leur prince et leur bienfaiteur, changea le destin de la guerre. La situation désastreuse de l'ennemi était telle qu'à la fin de l'affaire qui eut lieu devant Paris il était sans munitions par la séparation de ses parcs de réserve[1]. »

Dans sa proclamation à l'armée, le même jour, Napoléon reprend ses attaques : « Soldats, nous n'avons pas été vaincus. Deux hommes sortis de nos rangs ont trahi nos lauriers, leur pays, leur prince, leur bienfaiteur[2]. »

Sans doute Napoléon arrange-t-il quelque peu les événements de 1814, mais ces proclamations portent sur l'opinion et visent à mettre hors jeu Augereau et Marmont.

Rappelé par un courrier, Marmont rentre à Paris le 7 mars. « Je trouvai, écrit-il dans ses *Mémoires*, les esprits dans une grande agitation et tout le monde dans un grand émoi. On connaissait déjà le refus d'Antibes d'ouvrir ses portes, mais en même temps le commencement du mouvement de Napoléon par les montagnes pour se rendre en Dauphiné. [...] La maison du roi était composée de 12 compagnies. Ce corps ayant besoin d'un chef unique pour présenter un peu d'ensemble, le commandement général m'en fut donné[3]. »

C'est en fait un homme déjà brisé. Dans l'opinion, sa compagnie de gardes du corps reçoit le surnom de compagnie de Judas.

*

* *

1. *Correspondance de Napoléon Ier*, n° 21681.
2. *Ibid.*, n° 21682.
3. *Mémoires*, t. VII, p. 84.

Certains autres maréchaux adoptent une attitude prudente. Cette prudence saute aux yeux dans le cas de Moncey, le maréchal vers lequel se tournent tous les regards en ce mois de mars. Nommé en 1801 premier inspecteur général de la gendarmerie, maréchal dès la première promotion, fait duc de Conegliano par la suite, il a été maintenu dans ses fonctions de premier inspecteur général de la gendarmerie par Louis XVIII, qui l'a appelé à la pairie et lui a donné le rang de ministre d'État. C'est de lui que dépendent les vingt-trois légions qui assurent la sécurité et le maintien de l'ordre sur le territoire. Le retour de Napoléon le concerne directement et il en est l'un des premiers avertis. Pourtant, s'il entend rester fidèle au roi et s'il envoie des instructions à ses gendarmes pour qu'ils s'opposent à Napoléon, il se garde de se mettre au premier plan et ne fait guère de zèle. Cela tient peut-être à sa nature.

Les Mémoires de Jourdan, essentiellement consacrés à la guerre d'Espagne, s'arrêtent à l'issue de la bataille de Vittoria. Nous ne connaissons pas ses sentiments en 1815. On lui prête un mot : « Par son entreprise ridicule, Bonaparte est devenu un ennemi public[1]. » Le vainqueur de Fleurus avait été un ardent républicain, hostile au coup d'État de brumaire. Mais il avait accepté le bâton de maréchal tout en étant envoyé au service de Joseph à Naples puis en Espagne par Napoléon, qui l'appréciait peu. Jourdan avait ensuite accepté de

1. Houssaye, *1815*, p. 270.

Louis XVIII le commandement de la 15e division militaire à Rouen. On comprend l'embarras de ce républicain de cœur.

Nommé à la tête de la 5e division militaire à Strasbourg, loin des événements, Suchet, duc d'Albufera, qui fut irréprochable en 1814, ne bouge pas au début de mars.

Davout occupe une situation particulière. Défenseur de Hambourg jusqu'à la fin des hostilités, il s'était rallié, le 30 avril, à Louis XVIII : « Sire, que sous votre règne la France se repose de ses longues agitations, que ses plaies se cicatrisent, que son sort soit à jamais fixé et que les justes bénédictions des peuples complètent pour Votre Majesté la plus belle gloire à laquelle un souverain puisse aspirer[1]. »

Mais, devenu ministre de la Guerre, le général Dupont fit nommer au commandement en chef du 13e corps d'armée et de la garnison de Hambourg le général Gérard. Davout prit mal cette désignation. De retour en France, il fut l'objet de graves accusations : « Avoir fait tirer le canon sur le drapeau blanc, bien qu'ayant eu avis de la déchéance de Napoléon, avoir enlevé les fonds de la banque de Hambourg, avoir commis des actes arbitraires tendant à rendre odieux le nom français. » Il dut se retirer sur sa terre de Savigny et se défendit en publiant un mémoire où il donnait sa version des faits.

Cette défense fut vaine, comme les démarches de maréchaux auprès du roi. Condamné à la retraite,

1. Vigier, *Davout*, t. II, p. 488.

Davout se trouvait libre au retour de Napoléon : il n'avait prêté aucun serment à Louis XVIII. Pourtant il récusa les offres et les propositions des adversaires du régime monarchique et ne prit la tête d'aucun mouvement.

En revanche, quatre maréchaux s'engagèrent sans ambiguïté derrière le roi. Victor, fils d'un notaire royal, devait beaucoup à la Révolution qui en avait fait un général en 1795. Il s'était signalé à l'attention de Napoléon à Marengo puis à Friedland, mais ne devint maréchal que le 13 juillet 1807. En garda-t-il une certaine rancœur ? Il servit en Espagne, en Russie puis en Allemagne sans jamais démériter.

En 1814, Victor reconnut Louis XVIII, qui lui confia la 2e division à Mézières. Quand lui parvint la nouvelle du retour de Napoléon, il mit ses troupes en alerte et décida d'organiser à Châlons-sur-Marne la résistance à l'Empereur. Il n'est saisi d'aucun doute : Louis XVIII est le souverain légitime. Il l'affirme dans un ordre du jour du 10 mars : Napoléon est « l'homme qui a tyrannisé, désolé et trahi la France pendant douze ans », c'est-à-dire depuis le consulat à vie [1].

Mortier, duc de Trévise, qui avait défendu Paris avec Marmont et s'était retrouvé pair de France et gouverneur de la 16e division militaire à Lille le 21 juin 1814, fit d'emblée preuve de fermeté face à la conspiration du Nord (étudiée plus loin). Sa loyauté à cette date n'a jamais été mise en cause.

1. Sa proclamation eut les honneurs du *Moniteur*.

Oudinot commande à Metz. Ce valeureux combattant couvert de blessures a reçu de Louis XVIII la pairie et le commandement de la 3e division militaire. Il en a gardé reconnaissance au monarque et lui reste fidèle à l'annonce du retour de Napoléon. Il s'oppose à toute manifestation favorable à « l'usurpateur », et *Le Moniteur* du 15 mars publiera une lettre qu'Oudinot, au nom de son état-major, adressait au ministre de la Guerre, le 10, pour lui faire part de sa fidélité.

Berthier, l'indispensable chef d'état-major de Napoléon, celui qui l'avait suivi partout depuis l'Italie, s'était rallié à Louis XVIII après quelques hésitations. N'était-il pas venu à Compiègne, le 29 avril 1814, pour y accueillir le roi et lui déclarer : « Vos armées, Sire, dont vos maréchaux sont aujourd'hui l'organe, se trouvent heureuses d'être appelées par leur dévouement et leur fidélité à seconder d'aussi généreux efforts pour réunir tous les Français en une seule famille[1]. » Dans ce ralliement, quelle fut la part de sa femme, Élisabeth de Bavière ? Son titre d'Altesse Sérénissime lui a-t-il monté à la tête ? En tout cas, il est fait pair de France par Louis XVIII et capitaine de la 1re compagnie des gardes du corps, chargée d'assurer la sécurité du monarque.

Le retour de Napoléon l'écartèle entre deux fidélités. « En apprenant le débarquement de l'Empereur, Berthier dut le considérer comme un dernier acte d'audace sans résultats possibles. À ce

---

1. Derrécagaix, *Le Maréchal Berthier*, t. II, p. 588.

moment, en effet, Napoléon ne pouvait plus triompher de la coalition ; et même vainqueur dans une ou deux batailles, il se fût heurté à des masses qui auraient fini par l'écraser. Désormais, il ne pouvait être accepté, et sa dernière tentative le mettait hors la loi. Berthier, très au courant des projets de la coalition, ne pouvait avoir là-dessus aucun doute. Il dut en outre ressentir un mécontentement personnel de voir qu'après avoir conseillé à ses généraux d'adhérer au gouvernement des Bourbons, Napoléon les mettait aujourd'hui dans l'alternative de se parjurer ou de quitter leur patrie. Une première fois il avait cédé à la pression des circonstances. Il ne pouvait plus, quelques mois après, répudier la foi jurée en 1814 à la Charte qui garantissait l'indépendance de la France[1]. »

Berthier avait envoyé sa femme et ses trois enfants à Bamberg dans le château de son beau-père. Malgré rebuffades et humiliations, il entendait assumer la charge qu'il avait acceptée de capitaine des gardes. Il ne rejoindra pas « le héros dont il avait été l'ami et le plus proche compagnon » et restera « en compagnie d'un roi qui le détestait ». De tous les maréchaux, Berthier est celui qui a été le plus déchiré, en ce mois de mars 1815.

Inversement, Brune, dont les rapports avec Napoléon n'ont jamais été bons, mais qui déteste la monarchie, resté républicain au fond du cœur, accueille avec enthousiasme le retour de l'île

1. *Ibid.*, p. 597.

d'Elbe, mais, faute de commandement, ne dispose d'aucun moyen d'action.

Âgés et usés par leurs campagnes, quatre maréchaux ne comptent plus guère – Serurier, Lefebvre, Kellermann et Pérignon –, et deux sont à présent des souverains étrangers.

Élu prince-héritier de Suède en 1810 et adopté sous le nom de Charles-Jean par le roi Charles XIII, Bernadotte dirigeait depuis cette date la politique étrangère de la Suède. C'est en juillet 1813 qu'il rejoignit la coalition contre la France et participa à la campagne d'Allemagne, battant Oudinot à Gross Beeren puis Ney à Dennewitz. Il menaça ensuite la frontière française du Nord mais ne s'engagea guère plus loin, espérant peut-être être appelé à la succession de Napoléon. Ses illusions s'évanouirent rapidement.

En mars 1815, le retour de Napoléon excite ses regrets mais l'incite aussi à la prudence. Il doit déjà intégrer à son royaume la Norvège enlevée au Danemark. S'il ne croit pas au succès final de Napoléon, qui devra faire face à la coalition de l'ensemble des puissances européennes, il se réjouit de voir les Bourbons en difficulté. Il ne leur doit rien et la remise en cause de la légitimité de Louis XVIII peut lui ouvrir de nouvelles perspectives. Il juge donc sage de rester à l'écart et d'attendre la suite des événements.

*

* *

À l'opposé du prudent Bernadotte, le fougueux Murat n'entend pas se désintéresser des événements de France. Roi de Naples depuis 1808, il ne peut rester neutre face à la situation politique de la France. D'une part, il lui faut se faire pardonner sa défection en 1814. Certes, il a invoqué l'unification de l'Italie pour justifier son action, mais il n'ignore pas que Napoléon lui en a voulu. D'autre part, à Vienne, le 26 décembre 1814, Talleyrand a réclamé le retour du royaume de Naples à son « légitime souverain », le Bourbon. Il est poussé par Louis XVIII, et des mouvements de troupes du côté français laissent supposer que l'on n'hésitera pas à employer la force pour chasser Murat.

Le choix est donc facile. Ce retour de Napoléon en France, peut-être Murat le connut-il avant tout le monde. Réconcilié avec son beau-frère par l'intermédiaire de Pauline, qui assura la liaison entre Naples et l'île d'Elbe, Napoléon lui envoya le 1er mars Colonna avec mission d'avertir le roi de Naples du retour de l'Empereur. Murat devait neutraliser l'Autriche en la rassurant sur les intentions de Napoléon tout en faisant planer la menace d'une intervention contre Milan.

C'est le 5 mars que le départ de Napoléon de l'île d'Elbe est connu à Naples. Murat ne peut se contenir. L'occasion lui est offerte de reprendre son vieux rêve d'unification de la péninsule. Chez lui, il n'y a pas un instant d'hésitation. Manhes devient gouverneur de Naples et Maghella retrouve son autorité à la tête de la police. Murat est prêt à entrer en action dès que Napoléon sera aux Tuileries.

CHAPITRE VI

Les opposants

L'abdication de Napoléon avait pris de court tous ceux qui lui étaient attachés. Dès lors se forma un parti bonapartiste attirant les personnages qui, trop compromis avec le régime précédent, avaient été tenus à l'écart par les Bourbons, et d'anciens officiers mis en demi-solde par le retour de la paix. S'y ajoutèrent des mécontents de toutes sortes et ceux qui redoutaient que le rétablissement de la monarchie ne porte atteinte à leurs intérêts, notamment les acquéreurs de biens nationaux.

Le point de ralliement des bonapartistes est alors le salon de la reine Hortense, l'épouse de Louis Bonaparte, l'ex-roi de Hollande. Maret, duc de Bassano, ancien secrétaire d'État, prend la tête du mouvement. Il esquisse un rapprochement avec les anciens de la Convention et principalement les régicides tenus à l'écart. Dans ce rapprochement, Thibaudeau joue un rôle qu'il expose dans ses *Mémoires* : « Ceux qui avaient à Paris occupé des postes importants ne se faisaient pas d'illusions sur les conséquences fatales de la Restauration ; mais consternés, refroidis par l'âge, amollis par les honneurs et les emplois, ils n'aspiraient qu'au pardon et à l'oubli. Cependant, je pensais qu'il convenait aux votants [les régicides] de ne pas s'isoler et de s'entendre. [...] L'abolition de la royauté et la mort du roi élevaient entre nous et les Bourbons une inimitié éternelle. [...] Je fis des démarches auprès de quelques autres conventionnels pour les amener à s'entendre[1]. »

Thibaudeau noue des liens avec Letourneur, qui vient d'être exclu de la Cour des comptes, et avec Pons et Thuriot, chassés de la Cour de cassation. Des contacts sont pris avec Barras, que Thibaudeau décrit ainsi : « Chaud révolutionnaire, il ne pouvait pas croire que la Restauration ne fût fatale à la France. Mais il était excessivement aigri contre l'Empire, ses adhérents et certains hommes de la Révolution. Il professait un grand mépris pour Fouché, il haïssait cordialement Carnot, il avait l'Empereur en exécration. Si Barras n'abusa pas de la confiance des patriotes, il ne leur fut d'aucun secours et ne fut utile à personne[2]. » Thibaudeau a-t-il ignoré les contacts de Barras avec la cour de Louis XVIII ? Barras n'avait-il pas souhaité rétablir la monarchie en 1799, en s'appuyant sur Hédouville ?

Thibaudeau s'est tourné également vers Fouché. « On conçut un projet d'organisation. Fouché devait y jouer le premier rôle. Je lui en parlai ; il me

1. Thibaudeau, *Mémoires*, p. 416.
2. *Ibid.*, p. 424.

dit qu'il adhérait de tout cœur à tout ce qu'on ferait pour renverser les Bourbons, qu'il y concourrait de tous ses moyens et de ses conseils quand on les croirait utiles, mais qu'il était trop observé pour prendre part à des réunions, que la moindre de ses démarches serait plus nuisible qu'utile; on n'en regarda pas moins sa réponse comme une honnête défaite et on ne donna aucune suite au projet d'organisation[1]. » On l'a vu, Fouché, prudent, voulait ménager la Cour et songeait au roi de Rome avec un Conseil de régence à sa main.

Le rapprochement était indispensable. Mais sur quelles bases ? Les bonapartistes ne souhaitaient pas le rétablissement de la République. Le duc d'Orléans ? Fils du régicide Philippe-Égalité, ayant combattu à Valmy et à Jemmapes, n'ayant jamais servi après son émigration les armes à la main contre la France, affichant des idées libérales, le duc d'Orléans séduisait les anciens révolutionnaires, qu'il ménageait. La comtesse de Boigne note : « Il est certain que, dès le premier jour, le duc d'Orléans, sans conspirer contre la famille royale, a évité de s'assimiler à ses allures et que toute son attitude a été celle d'un homme bien aise qu'on le croie dans l'opposition. »

Mais, outre les réserves formulées à son encontre, le duc d'Orléans n'entendait pas conspirer contre ses cousins. Averti de certains complots, il ne les dénonça pas mais se garda de répondre aux avances des comploteurs. Il pouvait attendre.

---

1. *Ibid.*, p. 425.

*
* *

Les bonapartistes suggéraient, à défaut de Murat, trop éloigné, Eugène, l'ancien vice-roi d'Italie, mais le prince refusait tout contact.

Restait Napoléon. Des relations avaient été nouées avec l'île d'Elbe. Comment ne pas recueillir son avis ? Fleury de Chaboulon, ancien auditeur au Conseil d'État, fut envoyé à Porto-Ferrajo. De ce voyage on ne connaît que son propre récit, assez suspect :

« Sire, les esprits sont tellement mécontents et exaspérés que le moindre mouvement partiel entraînerait nécessairement une insurrection générale et que personne ne serait surpris qu'elle éclatât au premier jour.

– Mais que feriez-vous si vous chassiez les Bourbons ? Rétabliriez-vous la République ?

– La République, Sire ! On n'y songe point. Peut-être établirait-on une régence.

– Une régence ? Et pour quoi faire ? Suis-je mort ?

– Mais Sire, votre absence.

– Mon absence n'y fait rien ; en deux jours, je serais en France si la nation me rappelait[1]. »

Ainsi Fleury de Chaboulon rapporte-t-il de ce voyage le sentiment que l'Empereur est prêt à revenir en France.

---

1. Cité par Bruyère-Ostells, *La Conspiration du Nord*, mémoire de maîtrise de Paris IV, inédit, p. 32.

Maret reprend les négociations avec les révolutionnaires. Une réunion entre Fouché et Maret aurait eu lieu chez Thibaudeau : elle aurait duré trois heures. Fouché se serait opposé au retour de Napoléon. Il jugeait que son tempérament despotique et belliqueux et l'hostilité de l'Europe à son égard entraîneraient la formation d'une nouvelle coalition contre la France, qui serait inévitablement vaincue. Maret eut beau affirmer que les puissances se diviseraient et que l'Autriche soutiendrait Napoléon, Fouché refusa de se laisser convaincre. Il restait partisan de Napoléon II. Encore, remarque Thibaudeau, fallait-il que Metternich rende l'Aiglon à la France, car Napoléon II était à Vienne, retenu par les Autrichiens. Et pouvait-on croire que, son fils régnant, Napoléon resterait à l'île d'Elbe ?

De toute manière, il faut agir. Maret révèle à Fouché que les conditions d'un coup d'État militaire sont réunies. Les bonapartistes ont travaillé l'armée dans le Midi avec un succès encore ignoré et surtout dans le Nord. C'est dans la 16e division militaire, à Lille, que, sous le commandement de Mortier, dont les sentiments ne sont pas connus, se trouvent des généraux acquis aux bonapartistes : Drouet d'Erlon, Daumesnil ou Lefebvre-Desnouettes. Dans l'Aisne, on peut compter sur Lallemand[1].

*

* *

1. Le mémoire de Bruyère-Ostells évoque tous les aspects du complot.

Le rapprochement entre bonapartistes et républicains ne s'est pas encore opéré et la situation reste confuse lorsque parvient, le 5 mars, à Paris, la nouvelle du débarquement de Napoléon. Est-ce l'effet du voyage de Fleury de Chaboulon ? D'autres raisons ont-elles joué ?

En tout cas ce ne sera ni le duc d'Orléans, ni la République, ni la régence. Les atermoiements sont terminés. Napoléon est de retour.

C'est ce que Fouché comprend le premier. Il convoque aussitôt le général Lallemand qui séjourne à Paris sans permission. Il ne lui révèle pas le débarquement de Napoléon à Fréjus mais lui déclare que la police est au courant du complot qui agite la division militaire de Lille. Il faut sans tarder passer à l'action pour prévenir la répression. Que veut Fouché ? Susciter un coup de force avant l'arrivée de Napoléon à Paris. Maître d'un gouvernement provisoire dans la capitale, Fouché se trouverait en position d'arbitre entre Louis XVIII et Napoléon.

Lallemand ignore ces finesses et part immédiatement pour Lille. Il y rejoint Drouet d'Erlon qui est favorable au putsch. Le 7 mars, profitant de l'absence de Mortier, Drouet d'Erlon donne l'ordre aux unités placées sous son commandement de se diriger sur Paris. Les instructions sont pleines d'ambiguïtés puisque tout semble se produire sur un ordre du ministre de la Guerre. Les troupes obéissent sans difficulté. Mais Drouet d'Erlon ne va pas assez vite. Mortier revient à Lille plus tôt que prévu et reprend la situation en main. Il fait arrêter Drouet d'Erlon et annule les instructions données aux troupes. Jusqu'au dernier moment, on a compté sur Davout, mais celui-ci s'est dérobé, jugeant que cette conspiration est inutile et ne sert qu'à brouiller les cartes. C'était percer involontairement le jeu de Fouché.

L'affaire avait déjà tourné court avant l'arrivée de Napoléon à Lyon. Les chasseurs royaux de Lefebvre-Desnouettes avaient bien quitté Cambrai le 9 mars pour se rendre à La Fère. Ils avaient essayé de s'emparer de l'arsenal, appuyés par les frères Lallemand, mais ils n'avaient pu gagner le général d'Aboville. Ils ne furent pas plus heureux à Compiègne, où le major Laîné resta fidèle au roi : « Dites à votre général que, s'il me fait son prisonnier, je lui demande l'honneur d'être fusillé car je le traiterai de même s'il tombe entre mes mains. » D'autres défections rendirent impossible la marche sur Paris tandis que les généraux s'enfuyaient.

Très vite la conspiration du Nord a échoué, révélant l'impuissance de l'opposition à la monarchie.

Napoléon ne peut compter que sur lui.

CHAPITRE VII

L'armée

La conspiration du Nord montrait, en dépit de son échec, que l'issue de la crise ouverte le 1er mars dépendrait de l'attitude de l'armée.

Celle-ci avait été fortement réduite en raison de la fin de la guerre. La suppression de la conscription permit le renvoi dans leurs foyers des « Marie-Louise », mesure populaire, mais il fallut aussi mettre en demi-solde un nombre important d'officiers que l'on envoya imprudemment en province, où ils créèrent des foyers d'agitation. Lavalette, dans ses *Mémoires*, observe : « Les plus mécontents parmi les officiers généraux étaient naturellement les plus jeunes et les plus ambitieux. Arrêtés tout à coup au milieu de leur carrière, obligés de rentrer dans la foule, les dignités et la haute fortune leur échappaient[1]. »

Certains avaient cru que le roi aurait repris les chasseurs et les grenadiers de la vieille garde dans sa propre garde. Il n'en fut rien : ces régiments par-

1. *Mémoires* de Lavalette, t. II, p. 326.

tirent pour Nancy et Metz. Même déception pour le 1er chasseurs à cheval, exilé à Béthune.

L'affaire Exelmans aggrava les mécontentements. Ce général, ancien aide de camp de Murat, avait remis à l'un des médecins du roi retournant à Naples une lettre dans laquelle il exprimait son attachement à Murat et critiquait la nouvelle organisation militaire. La lettre fut interceptée et remise au général Dupont, alors ministre de la Guerre, qui se contenta de sermonner Exelmans. Mais Soult, qui lui succéda, par une maladresse (volontaire, diront les royalistes, pour exciter l'armée), l'assigna à résidence en province. Exelmans protesta, provoquant une campagne contre « le retour des lettres de cachet ». L'affaire se termina devant un conseil de guerre qui acquitta le général. D'autres généraux furent également victimes de vexations, comme Vandamme. *Le Nain jaune*, sous l'impulsion de Bory Saint-Vincent, fit connaître à l'opinion ces tensions au sein de l'armée. La nouvelle armée amalgamait anciens combattants de la Grande Armée et officiers émigrés sous l'autorité du roi[1].

Une ordonnance du 15 mai 1814 créa six colonels généraux appartenant à la famille royale : le comte d'Artois commandait les Suisses et les gardes nationaux, le prince de Condé, l'infanterie de ligne, le duc d'Angoulême, les cuirassiers et les

---

1. Nous suivons ici A. Pigeard, « L'armée de la première Restauration », dans *Tradition*, mai 2000, p. 18.

dragons, le duc de Berry, les chasseurs, et le duc d'Orléans, les hussards.

À la garde impériale était substituée une garde royale qui comprenait plusieurs unités. Les gardes du corps étaient répartis en six compagnies de trois cent soixante hommes encadrés par un commandant d'escadron, six lieutenants, treize sous-lieutenants, treize maréchaux des logis et vingt-quatre brigadiers. Recrutés exclusivement dans la noblesse, les gardes du corps formaient une unité d'élite. Il en allait de même des mousquetaires, supprimés en 1775 et rétablis le 15 juin 1814. Ils furent répartis en deux compagnies de deux cents mousquetaires.

Il fallait aussi compter avec la compagnie des gendarmes (deux cents hommes, sans compter l'encadrement), celle des chevau-légers, les gardes de la porte, la compagnie des cent-suisses, les gardes du corps de Monsieur et la compagnie des grenadiers à cheval. L'ordonnance du 12 mai 1814 ramenait le nombre des régiments d'infanterie de ligne à 90 et ceux d'infanterie légère à 15. Il y avait le régiment du roi, celui de la reine, ceux du dauphin, de Monsieur, des ducs d'Angoulême, de Berry et d'Orléans, de Condé et de Bourbon. La cavalerie de ligne fut également réorganisée le 12 mai 1814 : elle comprenait deux régiments de carabiniers, douze régiments de cuirassiers, six régiments de lanciers, quinze régiments de chasseurs, six régiments de hussards, au total plus de 36 000 hommes. L'artillerie royale fut constituée de huit régiments à pied et de quatre à cheval. Le génie, enfin, comprit 4 284 soldats.

*
* *

L'état d'esprit de l'armée active n'était pas tout à fait celui des demi-solde. La garde royale était sûre. Si l'on en croit Pion des Loches : « Dans l'artillerie, les lieutenants qui sortaient de la classe des sous-officiers étaient des modèles de docilité et de bonne conduite ; ils étaient contents de leur sort et ne laissaient échapper aucun signe de mécontentement. Les capitaines formaient la classe la plus distinguée ; à l'exception d'un petit nombre, ils ne demandaient que la paix et le repos et parlaient hautement contre l'Empereur et ses folies. Les sous-officiers, en général peu instruits, se ressentaient de la guerre et des circonstances au milieu desquelles ils avaient été promus, mais ils n'étaient point dissipés et avaient de la bonne volonté. Les canonniers étaient sages et disciplinés. » Pion des Loches introduit une précision : « Mon régiment, malgré le mécontentement des officiers supérieurs, était disposé à rester dans les bornes du devoir tant que les circonstances ne feraient pas éclater ouvertement la guerre civile[1]. » Mais dans un tel moment, que se passerait-il ?

Ceux qui, comme Paulin, colonel du génie, avaient sauvé leur situation, s'affirmaient respec-

1. Cité dans le mémoire de Bruyère-Ostells.

tueux de l'autorité royale. Ils n'en gardaient pas moins la nostalgie des campagnes napoléoniennes.

Deux attitudes se font jour dans l'armée au début du mois de mars alors que se répand de garnison en garnison la nouvelle du retour de Napoléon, dans le Midi, à Paris et dans le Nord.

Laissons de côté la garde royale, dont la fidélité reste intacte. En revanche, le comportement de certains officiers est parfaitement traduit par les propos du sous-lieutenant Henri Marcel interrogé par Octave de Ternove dans le roman de Gobineau, *Ternove*. Certes, il s'agit d'un roman, mais rappelons que Gobineau était le fils d'un chevalier de la Foi. « Pour le roi ? Contre le roi ? » demande Octave au sous-lieutenant. Et celui-ci de répondre : « Pour le régiment. Sais-je moi quelles sont les circonstances qui pourront influer sur la conduite du corps auquel j'appartiens ? J'imagine, et ici je raisonne en philosophe, que la position géographique de la garnison, les intérêts personnels du colonel seront juges suprêmes de notre fidélité au petit-fils de Saint Louis ou de notre dévouement au vainqueur d'Austerlitz... J'irai là où sera mon drapeau, de quelque couleur qu'on l'ait teint pendant mon sommeil, plus porté d'ailleurs, je l'avoue, à sabrer des Prussiens que des bonapartistes. » Henri Marcel n'a, il est vrai, que sa solde pour vivre, et il est trop jeune pour avoir servi sous Napoléon.

Tel n'est pas le cas du lieutenant Chevalier, un vétéran des campagnes napoléoniennes. Pour lui, la fin de la guerre fut un déchirement. Présent à Fontainebleau, lors des adieux d'avril 1814, il raconte :

« Nous suivons longtemps des yeux cette voiture qui emporte toutes nos espérances. Il semble que nous avons tout perdu. Adieu... adieu, immortel Napoléon ! Plus de guerre pour des soldats c'est comme des ouvriers qui n'ont plus d'ouvrage. » Suit sa vie de garnison à Tours, à Saumur, au Mans et enfin à Cambrai. C'est là qu'au début de mars il est « débauché » par Lefebvre-Desnouettes, lors de la conspiration du Nord. On sonne le boute-selle. « Nous montons à cheval et nous voilà en route. Alors on nous apprend, en marchant, que Napoléon est débarqué en Provence avec sa petite troupe de l'île d'Elbe et qu'il va directement sur Paris, que la famille des Bourbons tremble et s'apprête à partir, que la garde impériale se rassemble, que les grenadiers à cheval sont déjà partis d'Arras et qu'ils nous suivent, qu'enfin nous marchons droit sur Paris ! “Vive l'Empereur !” En ce moment, ce fut une joie, un délire dans tout le régiment, chacun pleurait de plaisir. En un moment les fleurs de lys en argent données par M. le duc d'Angoulême volent sur la route et sont brisées. Et le nom du héros tant révéré parmi nous volait de bouche en bouche. »

La troupe va ainsi à Saint-Quentin, Noyon et Compiègne. Mais le général Lion désavoue la tentative, au demeurant prématurée aux yeux de certains officiers. Lefebvre-Desnouettes doit se cacher. Il faut rentrer à Cambrai, explique Chevalier, « tristes, désespérés, mais non découragés, faisant des vœux sincères en faveur du grand capitaine [1] ».

---

1. Chevalier, *Souvenirs*, p. 313.

Napoléon est encore loin de Paris, la nouvelle de son débarquement est ignorée de nombreuses divisions militaires. Il ne pouvait y avoir un embrasement général. De plus, aucun des personnages qui viennent d'être évoqués n'avait été en contact avec l'Empereur de retour de l'île d'Elbe.

La partie ne s'est pas jouée dans le Nord avec le complot mal ficelé de Lallemand et Drouet d'Erlon, mais dans le Midi, à Laffrey.

*
*   *

Jusqu'au 7 mars, Napoléon n'a rencontré aucune résistance. C'est que l'armée n'a pas été mise en action. Mais, à Grenoble, le général Marchand entend défendre la ville. Il dispose du 4e régiment d'artillerie à pied, ancien régiment du lieutenant Bonaparte que commande le colonel Gerin, du 3e régiment du génie sous les ordres du colonel Izoard et du 5e régiment de ligne placé sous le colonel Roussille. S'y ajoutent le 7e de ligne du colonel Labédoyère et le 11e du colonel Durand.

Ces officiers ont prêté serment de fidélité à Louis XVIII, mais ils ne peuvent répondre de leurs hommes. Un conseil présidé par Marchand se tient le matin du 7 mars. Durand est chargé de la défense du quartier de Grenoble compris entre la porte Très-Cloîtres et celle de Bonne ; Labédoyère a le commandement du quartier compris entre cette porte de celle de Graille. En avant de ce système défensif est envoyé à Laffrey le bataillon du 5e de ligne aux ordre d'un ancien des guerres napoléoniennes, Delessart.

Pierre-Marin Durand a quarante-deux ans. Il a combattu en Allemagne, en Pologne et en Espagne. Il vient d'épouser la fille d'un président de chambre à la cour d'appel, André Réal. Labédoyère est plus jeune : vingt-huit ans. Il a été trois fois blessé. D'une famille aristocratique, il passe pour bonapartiste. C'est la raison pour laquelle il a été envoyé dans le Sud, et il digère mal ce qu'il considère comme une disgrâce.

Les deux hommes se retrouvent chez Durand, ce 7 mars. Labédoyère ne cache pas ses sentiments. Durand lui rappelle : « Et quand cela serait, n'avons-nous pas nos serments ? » Labédoyère quitte le salon de Durand et croise Marchand. Celui-ci dira qu'il a constaté que Labédoyère avait arraché le plumet blanc de son chapeau.

À Laffrey, c'est la rencontre entre le bataillon du commandant Delessart et Napoléon. Randon, neveu de Marchand et futur maréchal du second Empire, a été envoyé auprès de Delessart. Un officier de l'entourage de Napoléon s'approche du commandant et vient parlementer. À ce moment Delessart est ferme : « Je suis déterminé à faire mon devoir et si vous ne vous retirez pas sur-le-champ, je vous fais arrêter.

– Mais enfin tirerez-vous ?

– Je ferai mon devoir[1]. »

---

1. Houssaye, *1815*, p. 242.

La fidélité au roi, le respect du serment l'emportent chez Delessart. Mais ce sont ses hommes qui flanchent. « Comment engager le combat avec des hommes qui tremblent de tous leurs membres et qui sont pâles comme la mort ? » Car un des émissaires de Napoléon les a prévenus : « L'Empereur va marcher vers vous. Si vous faites feu, le premier coup de fusil sera pour lui. Vous en répondrez devant la France. »

La composition du bataillon est connue : vieux et jeunes soldats s'y mêlent. L'Empereur s'approche. Randon incite Delessart à ordonner de tirer. Napoléon est là : « S'il est parmi vous un soldat qui veuille tuer son empereur, il peut le faire. Me voilà. » Un cri de « Vive l'Empereur ! » lui répond. C'est la défection. Randon s'enfuit, Delessart remet son épée à l'Empereur.

À partir de ce moment il est certain que les troupes n'obéiront plus. La légende impériale a exalté la rencontre de Laffrey à juste titre. Napoléon gagne là un pari risqué. Il faut ajouter que la désobéissance des soldats a été encouragée par les paysans des villages voisins manifestant contre la menace d'un retour des privilèges et des droits féodaux.

À Grenoble, Labédoyère précipite le mouvement de défection des troupes. Une proclamation circule, qui lui est attribuée :

« Les soldats du 7e de ligne à leurs frères d'armes.

« Soldats de tous les régiments, écoutez notre voix. Elle exprime l'honneur de la patrie [L'honneur de la patrie, le mot qui va convaincre en apparaissant comme supérieur à l'honneur individuel »]. Reprenez vos aigles, accourez tous vous joindre à nous. L'empereur Napoléon marche à notre tête, il nous a rendu notre cocarde, ce signe de liberté atteste que votre gloire ne sera plus oubliée.

« Camarades ! Vos faits d'armes étaient méprisés ; des monuments devant apprendre aux siècles à venir vos victoires étaient interrompus. Votre Légion d'honneur, qu'était-elle devenue ? Le dernier ordre de l'État.

« L'empereur Napoléon n'a pu supporter votre humiliation. Pour la seconde fois, au mépris de tous les dangers, il traverse les mers, pour la seconde fois il veut réorganiser notre belle patrie, il vient lui rendre sa gloire.

« Camarades ! Pourriez-vous l'avoir oublié ? Vous qu'il a si souvent conduits à la victoire, accourez tous, que les enfants viennent se joindre à leur père. Il connaît vos besoins, il sait apprécier vos services.

« Soldats ! Avec lui vous trouverez tout, considération, honneur, gloire ; hâtez-vous, venez rejoindre des frères et que la grande famille se réunisse ! »

Labédoyère rejoint bientôt l'Empereur : « Colonel, lui déclare Napoléon, votre dévouement m'est précieux. Vous et le 7e régiment ferez désormais partie de ma garde. » Labédoyère ne le quittera plus désormais.

Durand a choisi le camp adverse. Il obéit à ce qu'il considère comme son devoir. Il est sous les ordres de Marchand, il a prêté serment au roi.

Cependant, les désertions se multiplient à Grenoble, dont les portes sont pourtant fermées. La position est vite intenable. Marchand ne peut qu'ordonner la retraite et évacuer la ville. Le colonel Durand le suit. Roussille est resté, quant à lui, à la porte de Rome. « Ouvrez, au nom de l'Empereur ! – Je ne reçois d'ordre que du général. – Je le destitue », répond Napoléon. Roussille s'obstine : « Vous m'avez relevé de mes serments », répond-il à l'Empereur. Et celui-ci de lui crier : « Des serments, vous en avez prêté dix suivant la force des partis et des circonstances. Celle-ci est impérieuse, il s'agit du salut de la France. Il faut la sauver ! »

On chante parmi les partisans de Napoléon :

Bon, bon, Napoléon est de retour en France,
Bon, bon, Napoléon rentre dans sa maison.

La porte cède enfin et c'est l'entrée triomphale de l'Empereur dans Grenoble. Si certains officiers ont tenu leur serment de fidélité au roi, c'est la troupe qui a tout emporté, désobéissant aux ordres. Le cas d'un officier comme Labédoyère est encore isolé. Ce n'est pas lui qui permet à Napoléon d'entrer à Grenoble, ce sont les hommes de Delessart et de Marchand. Le lien entre le simple combattant et Napoléon apparaît encore plus fortement qu'au temps lointain de la première campagne d'Italie. La force de Napoléon est d'avoir su s'attacher ses grognards. En 1815, ils ne l'ont pas oublié, et les jeunes recrues ont été influencées par les récits des anciens. Maréchaux, généraux et colonels n'y pourront rien ; ils pourront invoquer les serments, l'honneur ou la légitimité, la troupe ne les suit pas. Elle va à l'Empereur.

TROISIÈME PARTIE

De Grenoble à Lyon

7-13 mars 1815

Le 7 mars 1815, Napoléon est maître d'une grande ville. Le lendemain, il reçoit les corps constitués qui viennent prêter serment, oubliant celui qu'ils avaient prêté l'année précédente. Napoléon passe les troupes en revue.

Le 9, vers 14 heures, il se décide à quitter Grenoble. Il passe par Rives, où un cortège de paysans l'accompagne, et atteint Bourgoin vers minuit, sans avoir rencontré d'obstacles.

Le 10 mars, il marche sur Lyon. De nombreux paysans continuent à le suivre. Le mouvement prend un tour de plus en plus révolutionnaire. On crie contre les nobles et contre les prêtres. C'est le retour à 1793.

Le comte d'Artois doit vite se rendre à l'évidence : il ne peut défendre Lyon. Le maréchal Macdonald, qui l'a rejoint, est plus long à convaincre, mais les troupes ne le suivent pas et il doit battre en retraite. À 21 heures, Napoléon fait son entrée dans Lyon par la Guillotière. C'est du délire. Les ouvriers fraternisent avec les paysans qui ont suivi

Napoléon. À nouveau des cris hostiles aux nobles et aux prêtres se font entendre.

Le matin du 11 mars, Napoléon reçoit les autorités de la ville, puis passe les troupes en revue place Bellecour. L'après-midi, il travaille.

À nouveau, le 12, il reçoit les principaux corps et les maires des municipalités voisines.

Le 13, paraissent plusieurs décrets qui montrent Napoléon légiférant comme s'il était déjà aux Tuileries. La cocarde blanche, la décoration du lys, les ordres de Saint-Louis, du Saint-Esprit et de Saint-Michel sont supprimés. Napoléon rend à la France le drapeau tricolore.

Suivent la suppression des corps étrangers et de la maison militaire du roi tandis que la garde impériale est rétablie. La Chambre des pairs et celle des députés sont dissoutes, et des modifications constitutionnelles promises. Les pairs « ont porté les armes contre la France » et veulent « le rétablissement des droits féodaux et l'annulation des ventes de biens nationaux », ils doivent disparaître. La Chambre des députés s'est déshonorée en reconnaissant aux Bourbons le droit de monter sur le trône. Elle s'est condamnée.

Une amnistie est accordée aux fonctionnaires ayant « travaillé au renversement du trône impérial et à l'invasion du territoire », ce qui relève de la trahison. De cette amnistie sont exclus Lynch, maire de Bordeaux, La Rochejacquelein, Vitrolles, Alexis de Noailles, Marmont duc de Raguse, Sosthène de La Rochefoucauld, le conseiller municipal de Paris Bellart, l'ancien secrétaire Bourrienne,

Talleyrand, Beurnonville, Jaucourt, Dalberg et Montesquiou, qui ont appartenu au gouvernement provisoire de 1814.

Nul ne peut s'y tromper : à Lyon, Napoléon est redevenu l'empereur des Français.

CHAPITRE PREMIER

L'opinion publique

Ce n'est que peu à peu, en fonction de la circulation des informations, que l'opinion publique a joué un rôle dans l'issue de la lutte entre le roi et l'empereur.

À l'annonce de l'entrée de Napoléon à Grenoble, les Parisiens ne réagissent pas. Gobineau, dans son roman *Ternove*, s'est plu à décrire une capitale amorphe : « Les rues de Paris présentaient ce jour-là pour l'œil d'un observateur superficiel à peu près le même aspect que d'ordinaire. La population était loin d'être émue au même degré que lorsqu'elle prend elle-même la direction de ses affaires. Chacun s'occupait de soi, menait son train de vie habituel. La circonstance cependant valait la peine qu'on s'enthousiasmât. N'était-ce pas le trône impérial qui recommençait à poindre hors de la terre et le trône royal qui menaçait de s'y enfoncer ? Mais tout le monde était fatigué et la fatigue dans ce pays est bien au-dessus des principes, des convictions et même des intérêts. »

Les rapports de police confirment la description du romancier. La nouvelle du débarquement de Napoléon a été connue dans la capitale le 6 mars. Les espions indiquent que « la nouvelle ne s'est d'abord répandue que dans les hautes classes ; elle n'est pas descendue dans le peuple et dans les casernes[1] ». Un policier note : « Le premier effet n'a pas été, à beaucoup près, aussi vif qu'on aurait pu le craindre. Tout est resté aussi parfaitement calme que de coutume. » La seule trace d'inquiétude se retrouve à la Bourse, excellent baromètre de l'opinion. La rente 5 % tombe, le 6 mars, de 81,80 francs à 75,50 francs. En revanche, les obligations du Trésor se maintiennent.

Le 7, un rapport indique : « On a pu juger combien nous étions loin des habitudes de la Révolution, car, autrefois, des milliers de groupes se seraient formés, des motions, des propositions de violence, dans l'un ou l'autre sens, s'y seraient faites. Aujourd'hui, on se rencontrait et on se questionnait avec inquiétude [...] mais personne ne devançait les mesures que le gouvernement réputait utiles ; pas un excès n'a été provoqué, pas un désordre n'a été commis. » Il en va de même les deux jours qui suivent. Depuis les journées de Prairial et Vendémiaire, Paris n'a pas bougé. Les changements de régime ont eu lieu sans lui.

*
* *

1. *La France en 1814*, p. 273.

En province, l'agitation est plus grande, surtout dans les régions proches de la route Napoléon : « On connaît l'élan du Dauphiné et du Lyonnais où les royalistes, sentant leur faiblesse, n'osèrent pas se montrer. Le Bourbonnais, le Limousin, la Saintonge, l'Aunis, la Franche-Comté orientale, le Nivernais, la Bourgogne, l'Orléanais, la Champagne, l'Île-de-France, la Lorraine, le quart de la Normandie, la moitié de la Bretagne et les deux tiers de l'Alsace auraient fait le même accueil au glorieux évadé de l'île d'Elbe », écrit Henry Houssaye[1].

Pourtant les attroupements, les incendies, les inscriptions menaçantes restent encore exceptionnels avant le 13 mars dans les provinces évoquées par Houssaye. La peur de l'émeute n'en est pas moins grande.

Le clergé aurait-il pu influencer l'opinion ? Peu ou pas de prières publiques pour la cause royale. Rares sont les évêques qui, à l'exemple de Bausset à Vannes, le 11 mars, tonnent contre Napoléon. Bausset déplore « qu'un homme qui n'a pas su défendre sa couronne pendant qu'il était à la tête d'une armée florissante et qui s'est retiré, chargé de la honte et de l'exécration des peuples, ait osé mettre le pied sur le sol de la France qu'il a rendue si malheureuse sous un joug de fer[2] ».

Mais Vannes est loin. À Grenoble et à Lyon, les autorités ecclésiastiques sont plus prudentes. Il est vrai que les cris « À bas la calotte ! » se font mena-

1. Houssaye, *op. cit.*, p. 277.
2. Langlois, *Le Diocèse de Vannes...*, p. 220.

çants. Nous voilà loin des ordonnances prescrivant, quelques mois auparavant, aux boutiques et aux cafés de fermer le dimanche. L'Église a été imprudente, mais elle est aussi victime du Concordat, qui a créé un clergé de fonctionnaires. « Mes préfets, mes évêques, mes gendarmes », disait Napoléon. Ils sont tous dépassés en mars 1815.

CHAPITRE II

Le roi

Aux Tuileries parviennent entre le 7 et le 13 mars des nouvelles contradictoires, les bonnes l'emportant d'abord sur les mauvaises : la ville de Marseille serait pavoisée de drapeaux blancs, les notables s'inscriraient dans de nombreuses villes sur les contrôles de la garde nationale pour défendre la monarchie, la troupe de Bonaparte ne cesserait de diminuer tandis que les hommes vendraient leurs cartouches, selon *Le Moniteur* du 10 mars.

Jusqu'à la chute de Grenoble, dont la nouvelle parvient tardivement, le pouvoir royal ne se sent pas menacé. L'apathie du Paris révolutionnaire le rassure, des manifestations de soutien plus ou moins spontanées le confortent dans ses illusions. Ainsi, le 9 mars, les troupes de la garnison de Paris et les légions de la garde nationale se réunissent dans la cour des Tuileries, sous l'impulsion de Dessolle, nommé colonel-général de toutes les gardes nationales de France le 20 mai 1814 et qui affirme que, face à un « aventurier », les seuls cris de ralliement des Français sont « le roi, la patrie et la Charte ».

Le duc de Berry et les généraux Maison et Dessolle les passent en revue. Louis XVIII paraît au balcon; il est acclamé sinon par les soldats, du moins par les gardes nationaux. Les spectateurs renversent les barrières et envahissent la cour pour acclamer le roi. De là le duc de Berry se rend à l'École royale militaire dont les élèves ont exprimé, dans une adresse publiée par *Le Moniteur*, leur fidélité à Louis XVIII. Le soir c'est l'euphorie aux Tuileries.

*
* *

Ce même 9 mars, la Chambre des pairs enfin réunie vote une motion qui est portée au roi par le marquis de Dreux-Brézé. Elle dénonce « l'entreprise désespérée que vient de tenter cet homme qui fut longtemps l'effroi de l'Europe ». La Chambre pose le problème en termes clairs : il faut choisir entre le « pouvoir légitime » et le « pouvoir tyrannique ». Le choix des pairs est fait. Or cette assemblée compte nombre d'anciens sénateurs de Napoléon. Leur fidélité, du moins en paroles, ne peut que rassurer le roi.

Mais la perte de Grenoble trouble les esprits. Le 10, le président de la Chambre des pairs, après avoir donné lecture de la réponse du roi à l'adresse des pairs, avoue : « J'étais loin de prévoir, en vous rendant compte des premiers événements, que cet homme, si courageusement repoussé dès ses premières tentatives de séduction, qui avait à peine détourné six hommes dans tout le département du Var des sentiers de l'honneur et du devoir, réussirait au moyen d'intelligences cachées et de perfides insinuations à désorganiser quelques bataillons sur lesquels on devait compter, et parviendrait, en semant partout la terreur et peut-être en promettant le pillage, à pénétrer jusqu'au sein du Dauphiné[1]. »

Un vent d'inquiétude souffle sur l'assemblée. Le président reprend : « Nous n'avons aucun détail sur ce qui s'est passé dans les murs de Grenoble. Tout nous annonce que le général Marchand, qui y commandait, est resté fidèle; mais une première dépêche télégraphique annonçait hier au soir que l'ennemi était attendu dans cette ville; une seconde ajoutait qu'elle devait s'être rendue dès avant-hier 8, et qu'il était probable qu'un régiment de chasseurs avait en partie passé à l'ennemi... Il ne nous paraît guère douteux qu'une partie des troupes de Grenoble a trahi ses devoirs pour arborer ou suivre l'étendard de la guerre civile. » Et le président annonce que la ville de Lyon est menacée. Toutefois, la Chambre des pairs affiche sa résolution de soutenir les mesures qu'exige la sûreté de l'État. Sa fidélité à la cause monarchique paraît sans faille.

Le 10 mars, la Chambre des députés ouvre la session en votant une adresse au roi : « Nous vous conjurons, Sire, d'user de tous les pouvoirs que la

1. *Archives parlementaires*, t. XIV, p. 320.

charte constitutionnelle et les lois ont mis entre vos mains. Les chambres que votre confiance a convoquées ne manqueront ni au monarque ni au peuple français ; elles seront, Sire, vos fidèles auxiliaires pour donner au gouvernement la force nécessaire au salut de l'État[1]. »

C'est la Chambre des députés de l'Empire, qui n'a pas été dissoute en 1814. Son appui n'en est que plus impressionnant. Le 11, sous la présidence de Lainé, elle s'organise en bureaux. Le roi peut aussi compter sur les conseils généraux : il les invite, le 11 mars, à siéger en permanence pour « défendre la liberté contre la tyrannie, la propriété contre le brigandage et la charte constitutionnelle contre un monstrueux despotisme ».

Louis XVIII est enfin assuré du soutien de ses ministres. Toutefois, l'affaire de la conspiration du Nord, même si elle s'était terminée sur un échec, avait ébranlé l'autorité de Soult. La défection des régiments de Grenoble puis la nouvelle de la chute probable de Lyon encouragent l'idée d'une prétendue trahison de Soult qui aurait envoyé sciemment dans le Midi des régiments dont les sympathies bonapartistes étaient connues.

On allait jusqu'à assurer que Soult avait consciemment favorisé l'avancement d'anciens chouans et émigrés de façon à exaspérer l'armée. Le duc de Dalmatie pouvait arguer qu'il n'avait fait qu'exécuter les ordres du roi, mais, irrité par ces

1. *Ibid.*, p. 322.

attaques, il préféra remettre sa démission le 11 mars.

C'est au général Clarke, duc de Feltre et ancien ministre de la Guerre de Napoléon, devenu pair du royaume, que Louis XVIII fit appel. C'était montrer que le haut commandement lui restait fidèle, d'autant que Soult affichait avec ostentation le jour de sa démission des sentiments royalistes, allant jusqu'à crier au moment de quitter les Tuileries : « Vive le roi ! »

*
* *

Il importait pour le roi de tenir en main l'armée. Une ordonnance du 9 mars avait enjoint à tous les officiers, sous-officiers et soldats en congé limité de rejoindre leurs drapeaux sous trois jours et à tous les hommes en congé illimité de se rendre au chef-lieu de leur département pour y être organisés en bataillon. Les officiers en demi-solde qui ne pourraient trouver place dans ces bataillons seraient réunis en unités nouvelles sous le nom de gardes du roi. Ignorait-on, au ministère de la Guerre, le mauvais esprit qui régnait parmi les demi-solde ? N'était-il pas imprudent de les rappeler ? Ou s'agissait-il de les mieux surveiller ?

Louis XVIII nourrissait en réalité des illusions sur l'armée, abusé par l'échec de la conspiration du Nord : la tentative contre l'arsenal de La Fère avait tourné court et Mortier n'avait pas hésité à faire incarcérer Drouet d'Erlon. Il fallait exploiter ce succès en galvanisant les troupes. De là la proclamation de Louis XVIII à l'armée, le 12 mars :

« À nos braves soldats, salut !

« La gloire et la force de notre royaume, c'est au nom de l'honneur que votre roi vous ordonne d'être fidèles à vos drapeaux. » Et de rappeler : « Un général [pas question d'empereur] que vous auriez défendu jusqu'au dernier soupir, s'il ne vous avait pas délié, par une abdication formelle, vous a rendus à votre roi légitime. » C'est donc le serment prêté par les troupes que Louis XVIII place en premier. Se présentant en « père de l'armée » (ce qui n'est guère adroit), invoquant le panache d'Henri IV et la défense de la liberté contre la tyrannie, dénonçant l'insatiable ambition de son rival, le roi finit sur l'échec de la conspiration du Nord : « Que cet exemple profite à toute l'armée ; que ce grand nombre de corps restés purs, qui ont refusé de se réunir aux rebelles, serrent leurs bataillons pour attaquer et repousser les traîtres et persévèrent dans leurs bonnes dispositions[1]. »

Dans le même temps, le roi renforce les gardes nationales. Une ordonnance datée du 9 mars prescrit l'organisation de trois millions de propriétaires fonciers et d'industriels en gardes nationaux.

« Tandis que l'armée va tenir la campagne, les gardes nationaux doivent garder les places fortes, contenir les factieux dans l'intérieur, dissiper les rassemblements, intercepter les communications de l'ennemi. » Là encore l'entourage du roi s'illu-

---

1. *Ibid.*, p. 327.

sionne. Les gardes nationaux sont peu nombreux, mal armés et guère combatifs. Le spectacle d'un Paris amorphe est à la fois rassurant et inquiétant. De même que l'attitude d'un Mortier fait croire que l'encadrement de l'armée demeure fidèle au roi, ce qui est loin d'être sûr, de même compte-t-on sur un sursaut des classes possédantes face à la marée populaire qui a porté Napoléon dans le Dauphiné et le Lyonnais. C'est sur la défense des propriétés que commence à jouer habilement le roi, tentant de s'appuyer sur les notables à travers les conseils généraux et les gardes nationales.

Malgré la perte de Lyon, bientôt confirmée, et l'absence de nouvelles du comte d'Artois, Louis XVIII peut encore considérer, le 13 mars, que la partie n'est pas jouée. Lyon est loin de Paris. Son optimisme demeure inébranlable.

CHAPITRE III

Les préfets

Le 13 mars, la nouvelle du retour de Napoléon est connue dans toutes les préfectures. Le corps préfectoral reste fidèle au roi.

Dans son rapport à la Chambre des députés, le 13 mars, l'abbé de Montesquiou, ministre de l'Intérieur, vante le préfet du Var qui a tout fait pour arrêter Napoléon et salue la proclamation du préfet de la Drôme – que publie d'ailleurs *Le Moniteur*, comme un acte de courage exceptionnel. « Les départements que Bonaparte a parcourus, explique Montesquiou, ont pu être surpris, aucun n'a été ébranlé. Le Var, les Hautes et Basses-Alpes l'ont vu passer comme l'ennemi public ; ne pouvant le combattre, ils l'ont reçu avec un morne silence qui lui a fait connaître dès son entrée en France les sentiments qui l'attendaient. Le département du Rhône, sans armes, sans défense, s'est vu envahi, mais Bonaparte peut-il douter du patriotisme des Lyonnais ? Quelle ville surpasse celle de Lyon en générosité ? Nous n'avons reçu d'elle que les témoignages les plus honorables de son dévouement jusqu'aux derniers instants de sa liberté. Ce succès de l'ennemi, loin d'avoir ralenti l'ardeur des autres contrées, leur a inspiré un nouvel enthousiasme[1]. »

Satisfecit donc pour les préfets des départements traversés par Napoléon. Et exaltation de ceux qui, dans différents départements, ont aussitôt fait connaître par des adresses – que publie quotidiennement *Le Moniteur* – leur fidélité au roi.

Sont cités ce 13 mars les préfets de la Saône-et-Loire, de la Côte-d'Or, de la Nièvre, du Doubs, de la Meurthe, de la Marne, de l'Aube, de la Haute-Marne, de la Seine-et-Marne, de la Seine-Inférieure, du Calvados, de l'Orne, du Loiret, du Loir-et-Cher, de l'Aisne, de la Somme, de l'Yonne, du Nord, de l'Oise, du Maine-et-Loire et de l'Eure. Il faut y ajouter la Vienne : l'adresse du préfet ne paraît que dans *Le Moniteur* du 14 mars.

Dans la Nièvre, où il a été nommé en 1813, Fiévée, ancien conseiller secret de Napoléon et maître des requêtes au Conseil d'État, s'est comporté en monarchiste, se gardant de combattre l'influence que retrouve l'ancienne noblesse. Il a assisté sans surprise à l'écroulement de l'Empire et, maintenu par Louis XVIII, il passe pour bien tenir son département. Ses rapports avec Beugnot ont été difficiles, mais il a vu avec joie l'abbé de Montesquiou devenir ministre de l'Intérieur. C'est que, sous le Directoire et au début du Consulat, Fiévée a conspiré avec lui. Par son intermédiaire, il reprend auprès du comte de Blacas, favori du roi, le rôle de

1. *Ibid.*, p. 329.

conseiller tenu auprès de Napoléon. Dans ses notes, Fiévée informe le gouvernement de la dégradation de l'esprit public au début de 1815. Ce retour de Napoléon, il le pressentait. Mais il n'est pas une girouette et reste fidèle au monarque. Il accueille le duc d'Orléans qui revient de Lyon, puis prépare avec le général Coetlosquet, commandant les troupes du département, la défense de Nevers.

Ordre est donné à Fiévée par le comte d'Artois de couper les ponts si Napoléon marche sur Paris. Tout est aussitôt préparé. Aucun état d'âme chez l'ancien conseiller de Napoléon.

Dans l'Ardèche, le préfet Joseph d'Indy, qui a été nommé à son poste par le roi, fait preuve d'énergie. Le 8 mars, il lance une proclamation dépeignant un Midi résolu à s'opposer au passage de « celui dont le nom faisait naguère frémir l'humanité, celui dont chaque jour vous conjuriez la perte, même au plus fort de sa puissance, l'objet en un mot de l'exécration des peuples ».

Dans ce genre d'incantation, Dupleix de Mézy, à Troyes, n'est pas mauvais non plus : « Repoussez avec mépris les promesses mensongères d'un ennemi perfide. » Quant à Bossi, il est si content de sa prose qu'il en inonde le journal de son département (la Manche).

Il ne suffit pas de parler, il faut aussi agir, neutraliser les bonapartistes, mobiliser les gardes nationaux, stimuler des gendarmes étrangement absents et remonter le moral des responsables militaires.

C'est ce que tente Terray de Rosières, un ancien émigré qui a remplacé, en juin 1814, Cossé-Brissac à Dijon. Les réticences grandissantes de la population ne l'intimident pas.

Dans le Loiret, c'est un Talleyrand-Périgord, Alexandre-Daniel, cousin du ministre, qui occupe la préfecture. Encore un émigré, rentré en France en 1802 et qui a vécu à l'écart sous l'Empire, à La Ferté-Saint-Aubin, avant de devenir, en avril 1814, préfet du Loiret. Lui non plus ne reste pas inactif. De toute façon, il se sait condamné si Napoléon parvient à Paris.

Même énergie déployée dans le Doubs par le comte de Scey, un ancien de l'armée de Condé et qui ranime un réseau de conspirateurs royalistes mis en sommeil en 1814.

À Metz, Vaublanc, nommé par Napoléon, a été maintenu par Talleyrand auquel il écrivait : « Honoré de quatre proscriptions sous la Révolution, mes sentiments sont connus[1]. » Il se prépare à une cinquième proscription lorsqu'un courrier venu de Paris et se dirigeant vers Francfort l'informe, le 8, du retour de Napoléon.

*

* *

Dans une partie de la France opposée à Metz, l'Eure, le préfet Choiseul d'Aillecourt, ancien auditeur au Conseil d'État, longtemps sous-préfet avant de devenir préfet de l'Eure grâce à la Restauration,

1. Lentz et Imhoff, *La Moselle et Napoléon*, p. 246.

encourage la levée de deux compagnies de volontaires sous le commandement du duc d'Aumont[1].

Bourgeois de Jessaint, préfet de la Marne depuis 1800, est bien noté par Montesquiou et justifie cette confiance en faisant placarder dans tout le département les proclamations royales. Il accueille avec respect les instructions venues de Paris lui recommandant de n'avoir « dans les militaires qu'une confiance mesurée et de se mettre à la tête de la garde nationale ». Il écrit pourtant à Paris pour se déclarer sûr de la loyauté des troupes[2].

Pour plus de sécurité, Séguier, qui tient d'une main énergique la préfecture du Calvados, essaie – mais sans grand succès – de lever une armée de volontaires.

Partout les préfets exécutent les ordres du roi, y compris dans les départements éloignés comme les Hautes-Pyrénées, où François-Louis de Villeneuve, un homme du duc d'Angoulême, s'empresse de proclamer son soutien sans faille à Louis XVIII.

La palme revient à Villeneuve-Bargemon, sous-préfet de Castellane. Il a beaucoup à se faire pardonner, n'ayant pas rejoint son poste au début de mars. Or c'est par Castellane qu'est passé Napoléon.

La situation s'est aggravée. L'armée royale du Midi devait être commandée sur son aile gauche

---

1. Suissa, *Le Département de l'Eure sous le Consulat et l'Empire*, p. 105.
2. Clause, *Le Département de la Marne sous le Consulat et l'Empire*, t. II, p. 1304.

par le duc de Berry et sur son aile droite par le duc d'Angoulême. La rapidité de la marche de l'Empereur avait empêché le développement de l'aile gauche, mais l'aile droite, appuyée sur le Languedoc et la Provence, avait pris forme sous l'impulsion du duc d'Angoulême, qui avait établi son quartier général à Nîmes où il avait reçu l'appui du préfet du Gard, Rolland de Villarceaux.

Duval, dans les Basses-Alpes, s'était montré trop hésitant. Le duc d'Angoulême le suspend et fait de Villeneuve-Bargemon le préfet provisoire des Hautes-Alpes. Ce dernier a en effet offert ses services à Bouthillier, préfet du Var, puis s'est joint à un groupe de cavaliers formé par la noblesse du Var et s'est porté sur Sisteron. Préfet, il lance lui aussi une proclamation : « Lorsque les départements du Var, des Bouches-du-Rhône et du Vaucluse se disputent l'honneur de se ranger sous la bannière des lys, le département des Basses-Alpes ne sera pas le dernier à suivre un si bon exemple. C'est pour la dernière fois que l'ennemi du genre humain est venu souiller le sol de la France. Il y trouvera son tombeau et cette lutte du crime contre la vertu ne peut être de longue durée. »

Ces préfets trouvent un soutien dans les conseils généraux. Ceux-ci multiplient à leur tour les proclamations. Ainsi, celui de la Creuse déclare : « Buonaparte, qui n'est pas français, a couvert notre pays de plaies profondes qui saignent encore. » Le conseil général de la Manche lance un vibrant appel : « Volez au secours de notre roi, de notre patrie, que le salut de la France, que la charte constitutionnelle, que Louis XVIII soient les cris de ralliement de tout ce qu'il y a de véritables amis de l'ordre, de la justice, de l'humanité, de la vraie gloire. » Les conseillers généraux de la Sarthe vont jusqu'à voter un crédit de 10 000 francs pour équiper 1 500 volontaires.

La fidélité des préfets ne va pas toujours sans critiques. La nouvelle du retour de Napoléon parvient seulement le 11 mars dans les Côtes-du-Nord. Le comte de Goyon, rendant compte des premières mesures qu'il a prises, laisse percer des signes d'inquiétude :

> « Quant à l'esprit public, la masse est sans doute très bonne mais nous avons des têtes ardentes et la fermentation fait des progrès rapides. Elle a été fortement excitée par l'organisation des gardes nationales. Cette institution, très bonne et très utile dans les grandes villes, ne convient pas du tout à nos contrées. Je n'ai jamais cessé de le représenter parce que j'observais tous les effets qui en résulteraient. J'ai promis que la tranquillité de mon département ne serait pas troublée et j'ai tenu ma promesse. Mais ensuite, quand une invasion aussi extraordinaire et une marche aussi rapide changent aussi péniblement l'état des choses, il est difficile de prévoir tous les événements qui peuvent en résulter; on ne peut que s'efforcer de les prévenir. J'y mets tous mes soins et je conserve la confiance que si chacun veut s'y prêter, écarter les préventions et éteindre les démarcations, se réunir enfin pour former faisceau autour de

la charte constitutionnelle, nous n'aurons à gémir sur aucun excès[1]. »

Lucide, le comte de Goyon sent monter l'orage. Mais, le 13 mars encore, la fidélité des préfets, à quelques défaillances près sur la route que suit Napoléon, paraît sans faille.

---

1. Durand, *Le Département des Côtes-du-Nord sous le Consulat et l'Empire*, t. II, p. 417.

CHAPITRE IV

Talleyrand et Fouché

À Vienne, Talleyrand a fait l'essentiel : obtenir la condamnation de Napoléon et la reconnaissance de Louis XVIII par les puissances. Le 13, l'affaire est bouclée. L'Europe unanime, du moins celle du congrès, a livré Napoléon comme « ennemi et perturbateur du repos du monde » à la « vindicte publique ». Talleyrand envoie à la duchesse de Courlande le texte voté par le congrès : « Je ne crois pas, chère amie, qu'il ait paru une pièce semblable à celle que je vous envoie. L'histoire ne fournit aucun exemple d'un pareil repoussement par tout le genre humain[1]. »

Talleyrand est maintenant trop compromis pour pouvoir espérer rentrer en France en cas de succès de Napoléon. Il ne croit pas à ce succès ; sinon il eût été, comme à son habitude, plus prudent. Au demeurant, la situation est lucrative. « Les intéressés multiplient les cadeaux pour gagner ses bonnes grâces : six millions de la part du roi de Saxe, huit

1. Lacour-Gayet, *Talleyrand*, t. II, p. 438.

cent quarante mille francs de la part de Murat, trois millions sept cent mille francs de la part de Ferdinand VII, un million de la part du margrave de Bade. Ces sommes ne peuvent se contrôler, mais avec la réputation de vénalité du prince, on peut affirmer que des offres d'argent très importantes lui furent faites et qu'elles furent acceptées[1]. » Les travaux du congrès continuent et ne seront achevés que le 9 juin.

Talleyrand continue à en rendre compte au roi, affichant une loyauté sans faille et d'autant plus ostentatoire que le prince est toujours suspect à la cour des Tuileries de trahison en faveur de Napoléon.

Dans la lettre du 14 mars où il envoie au roi la condamnation de Napoléon par l'Europe, il indique que Pauline Bonaparte a été arrêtée à Lucques, que Jérôme, qui était à Trieste, a été transféré à Graz sous surveillance policière et que le comte Augustin-Louis de Talleyrand-Périgord, ambassadeur à Berne, intervient auprès du canton de Vaud pour obtenir l'extradition de Joseph, frère aîné de Napoléon. Dans une lettre de la même date, il insiste sur la nécessité de destituer Murat du trône de Naples. On ne saurait mieux prendre ses distances avec la famille Bonaparte.

Mais au fond de lui-même Talleyrand se morfond de n'être plus à Paris. Impossible de peser sur le cours des événements comme en 1814.

---

1. *Ibid.*, p. 439.

Un an plus tôt, c'est Fouché qui se trouvait éloigné de la capitale et rentrait trop tard pour jouer un rôle dans la restauration de Louis XVIII.

Cette fois il n'entend pas laisser passer sa chance. Il tire un trait sur le passé. Il lui paraît difficile d'empêcher le succès de Napoléon, surtout après la chute de Lyon. Mais, comme Talleyrand, il devine que ce succès sera sans lendemain. Il faut avoir l'air de favoriser l'Empereur pour être repris par lui, sans rompre avec les Bourbons dont une seconde restauration lui semble probable. Un jeu subtil où Fouché excelle.

Il ne peut que se réjouir de l'incapacité de l'entourage de Louis XVIII et critique Dambray et d'André, qui continuent à croire imperturbablement à la victoire du roi sans mesurer le péril auquel est exposée la monarchie. « J'admire la patience du monarque qui se résigne à vivre dans les ténèbres[1] », déclare-t-il le 9 mars. Critique entendue. L'abbé de Montesquiou d'une part, le comte d'Artois de l'autre, engagent Louis XVIII à former un ministère libéral qu'animerait Fouché.

Mais le duc d'Otrante n'entend pas devenir, en ce mois de mars, le ministre d'un roi dont il pressent qu'il a déjà perdu le trône. Ce serait risquer d'être évincé par Napoléon à son arrivée à Paris.

Sa position à l'égard du roi ? Être prêt à lui être utile dans le malheur, fait-il savoir aux Tuileries. Le 12, Blacas, qui a compris le message, l'appelle

1. Madelin, *Fouché*, t. II, p. 328.

en consultation. Le 13, c'est au tour du chancelier Dambray de l'interroger. Fouché peint la situation comme critique et fait des offres de service laissées sans réponse. Mais le lendemain, les nouvelles qui parviennent de Lyon confirment le pessimisme de Fouché. Impressionné, Dambray se rend chez le duc d'Otrante. Lui a-t-il offert un ministère que Fouché aurait refusé ? Avec la chute de Lyon, explique le duc d'Otrante au chancelier, la situation est sans remède : un jacobin ministre ne pourrait rien face à un courant révolutionnaire qui, à Lyon (lieu au demeurant des sinistres exploits du représentant en mission Fouché en 1794), crie : « À bas les prêtres ! Mort aux royalistes ! » Fouché ne peut plus rien pour le moment que d'épouser le mouvement (d'autant plus facilement, ce qu'il ne dit pas à Dambray, qu'il a des liens avec ses anciens collègues régicides) sans perdre le contact avec le roi.

Ainsi se délecte-t-il sans doute devant une situation devenue de plus en plus trouble et dont il sait qu'il tirera profit. Les lys ou les aigles ? Qu'importe. Le 14 mars, Fouché a un pied dans les deux camps.

CHAPITRE V

Les maréchaux

Entre le 7 et le 13 mars, la position des maréchaux n'évolue pas, sauf pour Soult, qui a abandonné son portefeuille mais affiche des sentiments royalistes.

Trois maréchaux sont en pointe. Mortier, par sa fermeté, a fait échouer le complot du Nord et fait arrêter Drouet d'Erlon. Il tient Lille d'une main de fer. Il en va de même pour Oudinot, qui a fait mettre les places de Moselle sur le pied de guerre. Tout visa à destination des régions traversées par « l'usurpateur » est refusé, tout voyageur venant de ces régions, refoulé [1].

C'est Macdonald qui s'engage le plus. Il rejoint le comte d'Artois à Lyon, le 9 mars, à 9 heures du soir. Il suggère de passer les troupes en revue le lendemain avec le prince. Au petit matin, le général Brayer prévient le maréchal que les soldats n'accepteront d'être passés en revue que par Macdonald, mais pas par le comte d'Artois. Un

1. Lentz et Imhoff, *op. cit.*, p. 25.

compromis est trouvé. Pour ménager la susceptibilité du prince, Macdonald lui explique que son absence serait souhaitable au début de la revue pour que l'on soit assuré de bien connaître les sentiments des troupes ; ensuite, il appellerait le comte d'Artois. La revue se passe sans problèmes, mais un silence glacial salue l'arrivée du prince. Furieux, Monsieur ordonne le renvoi des soldats.

Macdonald conseille alors au comte d'Artois de quitter Lyon sur-le-champ, lui-même se chargeant d'organiser la résistance. Nourrit-il quelques illusions ? Sa fidélité aux Bourbons n'est pas contestable. On en veut pour preuve que, prenant tous les risques, sans recevoir le moindre appui des autorités lyonnaises, il se porte au-devant de Napoléon au pont de la Guillotière. Une barricade est établie sur ce pont. Il n'a pas le temps de la rejoindre. Il est emporté par des ouvriers et des hussards qui crient : « Vive l'Empereur ! » et pactisent avec les soldats de la garnison. Macdonald saute sur son cheval et s'enfuit, poursuivi par des hussards. « J'ai quitté Lyon, écrit-il au ministre de la Guerre, ou plutôt je m'en suis échappé après avoir été témoin de la défection de toute la garnison qui a passé sous les drapeaux de Napoléon aux cris de “Vive l'Empereur !”, cris répétés du faubourg de la Guillotière aux quais de Lyon par la multitude de peuple qui se pressait sur les deux rives du Rhône. »

*

* *

Il ne lui reste qu'à rejoindre Paris. Il n'a pas démérité. L'abbé de Montesquiou en a bien conscience lorsqu'il exalte, le 13 mars, devant la Chambre des députés, les maréchaux d'Empire, « ces soldats, vraiment français, qui, dans tous les temps, n'ont su que verser leur sang pour la patrie, qui, toujours fidèles à sa voix et étrangers à toutes nos disputes, n'ont voulu que servir et mourir pour elle ». L'éloge est appuyé. Et Montesquiou d'ajouter : « Chacun est à son poste, prêt à marcher à la voix de la patrie. »

Cinq maréchaux ont les honneurs du discours. D'abord Mortier : « Déjà le duc de Trévise a instruit son corps d'armée de la perfidie de nos ennemis et toutes les troupes abusées sont revenues sous les drapeaux de l'honneur. Le général d'Aboville n'a pas vu un infidèle dans ses soldats ; tous au contraire ont repoussé le traître [Lallemand] qui avait osé tenter leur fidélité. » C'est le thème le plus exploité par la propagande monarchiste. L'armée obéit. Les défections de Grenoble et de Lyon sont exceptionnelles.

Hommage est rendu au courage malheureux de Macdonald : « Le maréchal Macdonald, après avoir fait des prodiges à Lyon, et tenté l'impossible, revient porter au roi ses talents et ce caractère de loyauté et d'honneur qui le rendent également cher à la France et à l'armée. »

Tous les regards se portent maintenant vers Ney : « Le maréchal Ney réunit ses légions et porte dans cette cause cette fermeté de caractère et de principes qui l'ont toujours illustré. »

Moins mis en valeur, Oudinot a droit toutefois à un développement élogieux : « Il est à la tête de ces grenadiers de France, de cette illustre vieille garde si renommée dans toute l'Europe et qui s'est réservé la gloire d'être le modèle et l'exemple de toutes les armées. Fidèle à son roi et à son chef également couvert de cicatrices [Oudinot était le maréchal le plus blessé] et de gloire, on les verra l'un et l'autre marcher au secours de la patrie et contenir par leur renom comme par leurs armes tout ce qui aurait le malheur d'hésiter. »

Suchet n'est pas encore entré en action, mais il s'ajoute à la liste : « Le maréchal d'Albufera n'a besoin que d'être nommé pour inspirer une même confiance à la France et aux armées[1]. »

Aucune mention de Masséna, qui a pourtant tenté d'arrêter la marche de Napoléon : est-ce parce qu'il n'a pas empêché le débarquement de l'Empereur ? Rien sur Marmont. Est-il trop marqué par sa trahison en 1814 ? Victor et Jourdan sont oubliés, comme d'ailleurs Augereau. Ils comptent moins et inspirent probablement moins confiance : ils sont, juge-t-on, trop républicains. Quant à Davout, il est en disgrâce.

Reste que, le 13 mars, aucun maréchal ne s'est déclaré en faveur de Napoléon. En dehors des officiers de l'île d'Elbe et des généraux du Nord (Lallemand, Drouet d'Erlon et Lefebvre-Desnouettes), Napoléon n'a eu jusqu'ici pour lui qu'un colonel : Labédoyère.

---

1. *Archives parlementaires*, t. XIV, p. 330.

CHAPITRE VI

Le réveil des libéraux

L'élite scientifique et littéraire symbolisée par l'Institut, dont le roi est devenu le protecteur, se tait. Est-ce l'asservissement imposé par Napoléon ? L'indifférence ? Une neutralité voulue dans un milieu où l'influence des Idéologues reste forte ? En tout cas, aucune adresse en faveur du roi ne paraît dans *Le Moniteur*. Aucune réaction non plus en faveur de Napoléon. Le silence. Il est vrai que le gouvernement préparait une épuration de l'Institut au début de 1815, visant Monge et Guyton de Morveau notamment. De là une prudence justifiée.

Deux écrivains s'engagent pourtant. Ils n'appartiennent pas, il est vrai, à l'Institut. Durement frappée par Napoléon, en septembre 1810, pour avoir écrit *De l'Allemagne* dont les idées déplaisaient à l'Empereur, Mme de Staël, coupée de ses amis, avait mal vécu son exil à Coppet. Elle avait réussi à partir secrètement en mai 1812 pour un long voyage qu'elle a raconté dans *Dix années d'exil* : Russie, Suède et enfin Angleterre. Partout elle a dénoncé le tyran – comprenons Napoléon –, et elle a salué sa chute. Elle eût souhaité comme souverain Bernadotte, il lui fallut accepter les Bourbons. Mais elle continua à prêcher en faveur des idées libérales.

En mars, elle accueille avec consternation la nouvelle du retour de Napoléon. « Elle écoute avec la plus tranquille incrédulité, plutôt même avec compassion, le déluge de promesses et de menaces, d'invectives et d'imprécations qu'on vociférait autour d'elle, exhortant chacun à faire son devoir mais sans pousser personne à se compromettre[1]. » La chute de Grenoble l'incite à fuir à Coppet, le 10 mars. Toutefois, elle conseille à Broglie de demeurer à Paris « tant qu'il y aura quelque chance de résister à la nouvelle invasion du despotisme impérial ».

*

* *

Benjamin Constant, après avoir rompu avec Mme de Staël et avoir épousé Charlotte de Hardenberg, a suivi une voie identique. En 1814, il a cru en Bernadotte. Ce Bernadotte, qu'il a connu sous le Directoire, lui est apparu, faute d'une solution républicaine, comme le meilleur garant des libertés. Il expose ses idées dans *De l'esprit de conquête et de l'usurpation*, violent réquisitoire contre Napoléon et l'hégémonie d'une nation sur un continent. S'il reconnaît dans cet ouvrage des vertus à la guerre

1. Balayé, *Mme de Staël*, p. 220.

(elle est dans la nature de l'homme et favorise le développement de ses plus belles facultés, « le forme à la grandeur d'âme, à l'adresse, au sang-froid, au courage, au mépris de la mort »), la guerre, avec les progrès de la civilisation, est devenue un fléau. De là une condamnation sans appel de Napoléon.

En avril 1814, Constant se résigne : Bernadotte ne sera pas ce roi des Français qu'il espérait influencer. Doit-il revenir en France ? Le 10 avril, il hésite encore. « Je n'irai pas. La nation est de boue. Laissons cette boue reposer, que l'eau soit plus claire[1]. » Puis il abandonne ses derniers scrupules et, le 15, rentre à Paris. Il y renoue des contacts avec Reinhard, La Harpe et Bertin, du *Journal des débats*. Il salue le retour des Bourbons : « Ils sont admirables de modération », mais il nuance cette affirmation : « Ce qui les entoure n'est pas tout à fait aussi raisonnable. » Il faut reprendre la plume pour orienter le régime vers le parlementarisme. Il publie en mai *Réflexions sur les constitutions et les garanties avec une esquisse de constitution*, qui est bien accueillie. Suit *De la liberté des brochures, des pamphlets et des journaux*, en juillet, puis, en février 1815, *De la responsabilité des ministres*.

Constant fréquente Gérando, La Fayette, Guizot, et tombe amoureux de Mme Récamier qui lui fait écrire un mémoire en faveur de Murat. Il songe à l'Institut.

---

1. Bastid, *Benjamin Constant*, t. I, p. 278 et suiv.

C'est le 6 qu'il apprend que Napoléon a débarqué dans le Midi. La stupeur passée, stupeur qu'il partage ce même jour avec Mme de Staël, il voit dans ce retour une chance de rapprocher la monarchie restaurée de la nation et d'empêcher tout rétablissement de l'Ancien Régime. Grâce au retour de Napoléon, le gouvernement ne peut que s'attacher les libéraux. Mme de Staël lui conseille pourtant la prudence, l'invitant presque à le suivre à Coppet. Mais Constant se lance à fond dans la lutte contre Napoléon. Sans doute veut-il briller devant Mme Récamier ; il espère aussi obtenir un rôle à sa mesure dans une monarchie devenue libérale – il fera le même calcul, l'Empire restauré.

Le 11 mars, il publie dans *Le Journal de Paris* un article très violent où il reproche à Napoléon d'apporter à nouveau la guerre. Il faut faire barrage au nom de la patrie et de la Constitution. Et, ajoute-t-il, car les nouvelles sont mauvaises : « S'il faut périr, périssons bien. Quels lâches que ces royalistes si purs, qui pensaient me présenter comme un ennemi de ce gouvernement ! Ils tremblent et je suis le seul qui ose proposer de se défendre. » L'article fait sensation, d'autant que Constant est célèbre depuis qu'il s'est opposé à Bonaparte sous le Consulat.

Derrière cette offensive de Constant se trouve Lainé, président de la Chambre des députés. Cet article doit être « le détonateur » qui réveillera une opinion parisienne singulièrement amorphe et assurera au gouvernement l'appui des classes moyennes dans sa lutte contre Napoléon. L'article répond aux mêmes espoirs que ceux placés dans les conseils généraux et les gardes nationales : séduire les notables.

L'article qui va paraître le 19 mars mais que Constant a préparé pendant plusieurs jours, derrière une diatribe célèbre (« Napoléon ne s'est pas engagé à la clémence, c'est Attila, c'est Gengis Khan, plus terrible et plus odieux parce que les ressources de la civilisation sont à son usage »), vend la mèche. Constant écrit : « J'ai voulu la liberté sous diverses formes ; j'ai vu qu'elle était possible sous la monarchie ; j'ai vu le roi se rallier à la nation. »

Le Journal des débats contient dans ce numéro le programme des libéraux, qui depuis le 11 mars font leur retour sur la scène politique, à la faveur de la crise : « Maintenant donc, rassurés sur toutes nos inquiétudes, heureux et fiers de la dignité, du courage, de la sincérité de notre monarque, redoublons d'efforts contre l'ennemi de la France, contre l'ennemi de l'humanité. Louis XVIII, par une confiance digne d'un roi de France envers des Français, loin de s'entourer de précautions ombrageuses, saisit le moment du danger pour rendre plus libérale encore la Constitution qui nous régit. Appuyé sur cette base inébranlable, la seule qui, de nos jours, puisse donner aux gouvernements de la force et de la durée, il se repose sur notre zèle, sur notre patriotisme. »

Les libéraux, qui entrent ainsi en scène, ont-ils été manipulés ? Ont-ils cru à un rapprochement avec le gouvernement ? Ont-ils été guidés par leur vieille hostilité envers Napoléon ? Le 14 mars, ils apparaissent, alors que le mouvement qui porte Napoléon prend un tour de plus en plus révolutionnaire, comme un rempart possible pour la monarchie. Mais n'est-il pas trop tard ?

QUATRIÈME PARTIE

De Lyon à Paris

14-20 mars 1815

De Lyon à Paris, la route est encore longue et semée d'embûches.

Napoléon quitte Lyon le 13 mars, un lundi, vers 1 heure. Il est à Villefranche à 3 heures. Il déjeune à l'hôtel de ville. Il atteint Mâcon à 19 heures. L'enthousiasme est de plus en plus grand et conserve son caractère révolutionnaire. Napoléon continue à être acclamé par les paysans sur les routes et par les ouvriers dans les villes. À Mâcon, l'Empereur apostrophe le maire qui a tenté de faire rétablir le drapeau blanc : « Mon pouvoir est plus légitime que celui des Bourbons car je le tiens de ce peuple dont vous entendez les cris. »

Le 14, il laisse Mâcon vers 11 heures. Il passe par Tournus et atteint Chalon à 22 heures. Il y reçoit une délégation de Dijonnais qui lui annonce que la ville vient de chasser le préfet et le maire. L'insurrection s'étend maintenant du Doubs à la Loire.

Départ de Chalon, le lendemain, à 10 heures. Napoléon est à Autun dans l'après-midi. Il descend à l'hôtel de la Poste. L'accueil est toujours aussi chaleureux. Il reprend la route à 10 heures, le 16, et fait étape à Avallon. La partie n'est pas encore gagnée quand survient un coup de théâtre : le général Girard amène deux régiments. C'est une défection de taille, mais l'affrontement avec Ney n'a pas encore eu lieu.

Le 17, après avoir déjeuné à Vermenton, Napoléon couche à Auxerre, à la préfecture que le préfet, Gamot, lui a ouverte. C'est un nouveau ralliement d'autant plus significatif que Gamot est le beau-frère de Ney. Le soir même, Ney arrive à Auxerre et, le lendemain matin, il est reçu par Napoléon. Il rejoint le camp de l'Empereur.

Ainsi, le 18 mars, les jeux sont-ils faits. Napoléon passe en revue le 14e de ligne sur la place Saint-Étienne.

Le lendemain, il quitte Auxerre et prend, en calèche – celle du préfet Gamot –, la route de Joigny et de Sens. Partout les autorités viennent le complimenter ; toutefois, pour échapper à l'enthousiasme de la foule, les voitures relaient hors des villes. Le soir, Napoléon est à Pont-sur-Yonne. Il en repart dans la nuit et fait halte à Moret. Craint-il une embuscade dans la forêt ? Il arrive enfin à 10 heures à Fontainebleau, dans la cour du Cheval blanc, et va s'installer dans le palais. À 14 heures, il repart. Nouvelle halte à Juvisy où il passe en revue des régiments. Il concentre ses forces, s'attendant à une résistance des Bourbons dans Paris. Mais, à 19 heures, il apprend qu'ils ont quitté les Tuileries. La voie est libre, Paris lui appartient au soir du 20 mars. Il lui aura fallu exactement vingt jours pour qu'il retrouve son trône, vingt jours pour que le vert de l'uniforme impérial chasse le bleu, couleur de la redingote royale.

CHAPITRE PREMIER

Le mouvement populaire

Si Paris reste amorphe, Napoléon a été porté, de Sisteron à Auxerre, par un mouvement populaire qui prend de l'ampleur, l'armée ne se ralliant que progressivement, d'abord à Laffrey, puis à Grenoble et Lyon et enfin à Auxerre.

De cette poussée que Napoléon semble n'avoir pas souhaitée, même s'il affirme à Grenoble : « Mes droits sont ceux du peuple », le gouvernement royal a pris conscience très vite. Jusqu'à la volte-face de Ney, il a espéré dans l'armée, mettant sur le compte du mauvais vouloir – pour ne pas dire de la trahison – de Soult les défections de Laffrey et de Grenoble. Aux Tuileries, on saisit le caractère révolutionnaire du soutien apporté à Napoléon par les paysans et les ouvriers. On en joue pour faire peur aux propriétaires. *Le Moniteur* insiste, le 16 mars, sur les désordres provoqués par « la lie de la population » à Mâcon, à Tournus et Chalon ; il emploie le terme d'anarchie, et, parlant des émeutiers, écrit : « Ils portent la terreur et la désolation dans l'âme de tous les propriétaires. » L'Empire, c'est la guerre, mais c'est aussi la Révolution. Dans le même temps, on joue de Benjamin Constant pour laisser entrevoir des concessions libérales destinées à gagner la bourgeoisie.

Le renversement de Louis XVIII n'est pas le fruit d'un coup d'État militaire, l'échec de la conspiration du Nord le prouve. Beaucoup d'officiers, au moins jusqu'au 18 mars, restent fidèles au serment prêté au roi. À Antibes, la garnison a arrêté les soldats venus, avec un capitaine, pour la soulever. Le général Loverdo, malgré les sollicitations de Drouot, ne passe pas dans le camp impérial. Labédoyère demeure un cas isolé.

Mais la troupe, d'abord indifférente, poussée ensuite par la pression populaire, se mutine à Grenoble, à Lyon puis dans plusieurs garnisons, et c'est elle, avant la défection de Ney, qui entraîne ses officiers. Si la nostalgie a joué un rôle dans le cas du lieutenant Chevalier évoqué plus haut, dans le Midi ce sont les mots d'ordre révolutionnaires qui entraînent les soldats, mots d'ordre qui viennent surtout des paysans. Les manifestations populaires précèdent la défection de la troupe à Laffrey. Quelques témoignages le confirment, ainsi celui de Bugeaud, colonel qui prend sur lui d'arrêter son régiment à Avallon : « Je craindrais, si je m'avançais plus loin, que l'esprit des populations ne gâtât celui de mes soldats qui est resté très bon jusqu'ici[1]. »

---

1. Levêque, « La révolution de 1815 », dans *Les Cent-Jours dans l'Yonne*, p 54.

C'est ce même mouvement qui va emporter un peu partout, après le 14 mars, les préfets, chassés avec les maires des grandes villes par des insurrections populaires dont l'ampleur toutefois ne doit pas être exagérée.

Dans ses *Mémoires sur les Cent-Jours*, Benjamin Constant l'explique ainsi : « Les partisans véritables de Bonaparte étaient les habitants des campagnes qui avaient peu souffert des vices de son administration antérieure, la conscription exceptée, et qui avaient eu à supporter, plus que toute autre classe, les outrances de la noblesse dont l'arrogance, durant sa courte prospérité, venait de réveiller des haines un peu amorties par ses longs malheurs. Ce fut par ces campagnards que Bonaparte se vit entouré, porté en triomphe dès qu'il eut touché le sol de la France[1]. »

*
* *

Sur le trajet de la route Napoléon, la petite troupe venue de l'île d'Elbe fut très vite accompagnée de paysans en armes dont l'origine n'est pas précisée mais qui étaient probablement des journaliers, à considérer la manière dont ils abandonnaient si facilement leurs terres, des paysans pauvres à coup sûr. Le coup de maître, involontaire, de Napoléon a été de traverser non la riche vallée du Rhône, mais

1. *Mémoires sur les Cent-Jours*, éd. Pozzo di Borgo, p. 69.

des terres arides où la domination de la noblesse était plus difficilement supportée, où ne s'était guère développée une bourgeoisie rurale aisée et conservatrice. Constant note que les mots de « servage » et de « glèbe » échauffaient les esprits. C'est une nouvelle révolte des paysans, une autre « grande peur » que déchaîne le retour de Napoléon. Toutefois, les violences contre les personnes et les biens ont été rares, à la différence de 1789.

Ces manifestations paysannes de « haine contre la noblesse », selon le mot de Constant, s'accompagnent de cris hostiles à l'égard du clergé : « À bas les prêtres ! À bas la calotte ! » Le retour de la dîme est redouté plus encore que le rétablissement des droits féodaux. On s'inquiète aussi de la remise en cause des ventes de biens ecclésiastiques. « Je retrouve la haine des prêtres et de la noblesse aussi universelle et aussi violente qu'au commencement de la Révolution », confiera Napoléon à Molé, le 20 mars [1]. Fiévée, préfet de la Nièvre, avait prévenu le gouvernement : « Les paysans [de mon département] craignent le retour de la religion et le rétablissement de la dîme [2]. »

Cette révolte paysanne, d'abord limitée au Sud-Est, en rapport avec le retour de Napoléon, gagne, ce retour connu, d'autres régions : la Bourgogne, le Nivernais, une partie de l'Ouest. Elle prend une dimension patriotique dans les villes où les ouvriers s'insurgent à leur tour. L'humiliation de la défaite

1. Houssaye, *1815*, p. 492.
2. Tulard, *Fiévée*, p. 174.

et la haine de l'occupant, maladroitement renforcées par l'appel de Louis XVIII à « accueillir en amis les généreux alliés » et par la signature du traité de Paris qui « rapetissait » la France, ont joué un rôle déterminant dans cette poussée de fièvre.

Dans cette crise, les notables restent prudents, malgré la peur qu'on cherche à susciter chez eux. En dehors de déclarations de conseils généraux et de quelques manifestations de gardes nationaux, les notables jouent les absents. Même si, dans la foule qui acclame Napoléon à Auxerre, on voit des bourgeois, note un témoin, ils se gardent d'encadrer le mouvement populaire comme sous la Révolution. Les gardes nationaux ne s'opposent pas à Napoléon mais ne le suivent pas. C'est par dérision que celui-ci décore un garde national, le seul qui a accompagné le comte d'Artois dans sa fuite. Les conseillers généraux vont vite nuancer leurs premières proclamations. Les maires sont embarrassés. Seul celui d'Avallon tient tête à Napoléon : « Je n'ai prêté, explique-t-il à l'Empereur, que deux serments, l'un à Bonaparte qui m'en a délié par son abdication, l'autre au roi et je ne sais qui pourra m'en délier[1]. »

À dire vrai, les notables, tout en se ralliant à Napoléon à partir du moment où sa victoire ne fait plus de doute, s'inquiètent d'un retour qui, outre les désordres qui l'accompagnent, annonce la reprise des hostilités avec l'Europe, la ruine du commerce,

1. Le nom du maire était Raudot. Cette réponse lui est prêtée par une tradition locale.

une nouvelle invasion. Tous ceux qui ont été compromis sous la Révolution et l'Empire et ont échappé à une épuration plutôt modérée en 1814 redoutent l'avenir. La réconciliation des familles politiques semblait en marche, le retour de Napoléon réveille les vieux démons, ressuscite la division des deux France.

CHAPITRE II

Le roi

Imaginer un roi passif et résigné serait contraire à la vérité. Jusqu'au 19 mars, Louis XVIII s'est battu. Ses espoirs ont reposé sur les chambres, les conseils généraux et les gardes nationales.

Sa politique ? On l'a vu : opposer les notables et les classes moyennes au mouvement populaire qui porte Napoléon. Ne comptant guère sur la fidélité de son armée et sur l'efficacité de ses préfets, il espère que la bourgeoisie, qui redoute la reprise de la guerre avec l'Europe, fera barrage à Napoléon. Ce sceptique pense que la peur et l'intérêt seront plus stimulants que le simple respect du droit.

La Chambre des députés avait été longtemps tenue en suspicion par l'entourage du roi : elle remontait au régime précédent. Elle apparut pourtant très vite comme l'un des piliers de la cause royale. Certes, son soutien n'était pas désintéressé : elle espérait une évolution vers une monarchie parlementaire à l'anglaise et s'accommodait mal d'un retour de Napoléon, les rapports entre l'Empereur et les députés ayant été particulièrement orageux entre 1813 et 1814.

Assemblée de notables, souvent les plus imposés du département, la Chambre des députés pouvait exercer individuellement et collectivement une certaine influence sur l'esprit public. De toute façon, affirmer l'union du roi et des chambres ne pouvait que renforcer l'autorité et la légitimité de Louis XVIII.

Le 16 mars eut lieu une séance royale des deux chambres. La nouvelle s'en répandit dès le matin et une foule énorme se porta sur le passage de la voiture du roi, qui quitta les Tuileries vers 15 heures, accompagné du comte d'Artois, du duc de Berry et du duc d'Orléans. Il était précédé et suivi par des détachements de la garde nationale et de la troupe de ligne ainsi que des différents corps de la maison du roi. Durant le trajet par les quais jusqu'au Palais-Bourbon, le cortège fut très applaudi. Au bruit du canon, introduit par les présidents et les bureaux des deux chambres, le roi parut dans l'enceinte parlementaire où se trouvaient d'un côté les pairs, de l'autre les députés. Le discours du roi était très attendu. Louis XVIII l'avait rédigé lui-même et appris par cœur :

> « Messieurs,
>
> « Dans ce moment de crise où l'ennemi public a pénétré dans une portion de mon royaume, et qu'il menace la liberté de tout le reste, je viens au milieu de vous resserrer encore les liens qui vous unissent avec moi, font la force de l'État ; je viens, en

m'adressant à vous, exposer à toute la France mes sentiments et mes vœux.

« J'ai revu ma patrie; je l'ai réconciliée avec toutes les puissances étrangères, qui seront, n'en doutez pas, fidèles aux traités qui nous ont rendus à la paix; j'ai travaillé au bonheur de mon peuple : j'ai recueilli, je recueille tous les jours les marques les plus touchantes de son amour; pourrai-je, à soixante ans, mieux terminer ma carrière qu'en mourant pour sa défense ?

« Je ne crains donc rien pour moi, mais je crains pour la France : celui qui vient allumer parmi nous les torches de la guerre civile y apporte aussi le fléau de la guerre étrangère; il vient remettre notre patrie sous son joug de fer; il vient enfin détruire cette charte constitutionnelle que je vous ai donnée, cette charte, mon plus beau titre aux yeux de la postérité, cette charte que tous les Français chérissent et que je jure ici de maintenir.

« Rallions-nous donc autour d'elle ! Qu'elle soit notre étendard sacré ! Les descendants d'Henri IV s'y rangeront les premiers; ils seront suivis de tous les bons Français. Enfin, Messieurs, que le concours des deux chambres donne à l'autorité toute la force qui lui est nécessaire; et cette guerre vraiment nationale prouvera par son heureuse issue ce que peut être un grand peuple uni par l'amour de son roi et de la loi fondamentale de l'État[1]. »

Louis XVIII fut acclamé. Puis le comte d'Artois prit la parole pour prêter serment, au nom de sa famille, de « vivre et mourir fidèles au roi et à la

1. *Archives parlementaires*, t. XIV, p. 338.

charte constitutionnelle qui assure le bonheur des Français ». À leur tour le duc de Berry, le duc d'Orléans et le prince de Condé jurèrent fidélité au roi et à la charte. Lainé conclut la séance par un discours qui s'achevait sur un appel à l'union contre « l'ennemi commun ».

*
* *

En réalité, le retentissement de cette cérémonie fut sans lendemain. La conversion du comte d'Artois à la charte, alors qu'il passait pour hostile au système constitutionnel, ne fut même pas relevée. Il était trop tard. Napoléon marchait sur Paris.

Aucune mesure concrète ne semblait suivre les proclamations des préfets et des conseils généraux. Nulle part ne paraissait s'organiser une résistance efficace face à la marche de Napoléon sur la capitale.

Le 17 mars, le comte d'Artois passa en revue les douze légions de la garde nationale parisienne. Hélas ! « L'immense majorité des gardes nationaux était plus disposée à crier "Vive le roi !" qu'à se battre pour lui [1]. »

L'armée paraissait de moins en moins sûre. Comme le constatait un mauvais plaisant, « l'envoi de troupes dans le Midi, la Franche-Comté ou le Bourbonnais se retournait contre le roi, à constater leur passage dans les rangs des bonapartistes ». Les rappels de demi-solde durent être abandonnés : on

---

1. Houssaye, *1815*, p. 327.

s'aperçut qu'ils cherchaient à être armés pour mieux se retourner contre le roi. Les propos qu'ils tenaient semblaient excessifs et de ce fait suspects, ainsi ces officiers en non-activité de la Haute-Loire dont la motion, publiée par *Le Moniteur* du 17 mars, demandait « la mort d'un homme qui ne peut plus être regardé que comme un chef de brigands ».

Les volontaires ne se présentaient en nombre que dans l'Ouest : 1 500 en Maine-et-Loire, 800 dans la Vendée, 200 dans le Calvados, chiffres dérisoires en regard des troupes passées chez Napoléon. L'armement manquait. Le duc de Bourbon, nommé le 13 mars gouverneur général des divisions militaires de l'Ouest, hésitait entre des levées de conscrits et un plan d'insurrection générale mis au point par Autichamp et prévoyant une nouvelle guerre de Vendée. La conscription était impopulaire, les paysans ne souhaitant pas combattre loin de leur village et tout appel à une aide extérieure ne pouvant que nuire au prestige du roi. Le 25 mars, le duc de Bourbon s'enfuyait en Angleterre sans avoir rien décidé.

Les mêmes hésitations se retrouvaient dans le Midi. Établi à Nîmes, le duc d'Angoulême – « un cœur de brave », dit Frénilly – avait réussi à lever une armée de 4 000 hommes, mais, malgré quelques succès locaux, il devait capituler à La Pallud devant le général Gilly.

La fidélité au roi, le sens de l'honneur, ces valeurs qui jadis avaient poussé certains nobles à aller défendre le roi aux Tuileries le 10 août 1792, à combattre dans l'armée de Condé ou à lutter en Vendée, paraissaient désormais dépassées.

L'obéissance, vertu majeure du soldat, était fortement ébranlée. Les grenadiers de la Garde quittaient Metz sans se soucier des ordres d'Oudinot. Les chasseurs avaient laissé Nancy, malgré l'opposition du général Curial, qui s'était résigné à les suivre. Le roi ne trouvait pas de défenseurs dans une armée prête à se retourner contre lui. Les généraux n'étaient plus sûrs. Maison, si l'on en croit Vitrolles, demandait 200 000 francs en espèces, sous prétexte qu'en cas de défaite il lui faudrait subvenir aux besoins de sa famille.

Après la défection de Ney, restait le camp de Melun, dont le duc de Berry vint prendre le commandement, le 17 mars. Vingt mille hommes au total. Le 1er corps était sous les ordres de Maison à Chevilly, le 2e, sous Rapp à Bourg-la-Reine, Kellermann fils ayant la cavalerie. Macdonald commandait en second, Belliard assurait les fonctions de major général. Mais, dès le 18, on sut que les troupes n'obéiraient pas au duc de Berry.

Certes, la capitale conservait son apathie. Pour prévenir une réaction des faubourgs ouvriers, le roi avait rétabli la préfecture de police le 14 mars et l'avait confiée à l'ancien secrétaire de Bonaparte, Bourrienne. Celui-ci était sans illusions : « Dès le premier moment, je n'avais écouté que mon zèle pour la cause du roi, mais je commençai à examiner l'étendue de la responsabilité que je venais d'assumer et j'en fus effrayé. Élevé tout à coup à des fonctions que je ne m'attendais pas à remplir, j'avoue que je n'étais pas très rassuré[1]. » Il conseillait la fuite, conscient de la faiblesse de ses moyens.

*

* *

Dès lors, Louis XVIII se résolut à partir pour le Nord. Vitrolles avait suggéré La Rochelle, d'autres Le Havre ou la Vendée, mais Lille paraissait plus sûre et proche de la frontière. Marmont préconisait d'organiser la défense des Tuileries autour du roi, de ses ministres et des membres des deux chambres, le comte d'Artois et les princes quittant seuls Paris. Jaucourt défendait la même idée. Il écrira à Talleyrand le 4 avril : « Le rôle du roi eût été superbe s'il fût resté à Paris. Le roi avait annoncé cette résolution : elle a changé deux fois. C'est un grand malheur. Je ne croirai jamais que la ville de Paris l'eût laissé périr par la main de cet homme, ni que les troupes eussent tiré sur nous[2]. »

Chateaubriand affirme qu'il exprima une opinion voisine : « Que le roi tienne parole ; qu'il reste dans sa capitale. La garde nationale est pour nous. Assurons-nous de Vincennes. Nous avons les armes et l'argent : avec l'argent nous aurons la faiblesse et la cupidité. Si le roi quitte Paris, Paris laissera entrer Bonaparte ; Bonaparte maître de Paris est maître de la France. » Et de conclure : « Qu'y aurait-il eu de

1. *Mémoires*, t. V, p. 464.
2. *Correspondance du prince de Talleyrand...*, p. 360.

plus beau qu'un vieux fils de Saint Louis renversant avec des Français, en quelques moments, un homme que tous les rois conjurés de l'Europe avaient mis tant d'années à abattre[1] ? » Chateaubriand n'a pas tort lorsqu'il remarque : « Je resterai à toujours convaincu que Bonaparte, trouvant Paris ennemi et le roi présent, n'aurait pas essayé de les forcer. Sans artillerie, sans vivres, sans argent, il n'avait avec lui que des troupes réunies au hasard, encore flottantes, étonnées de leur brusque changement de cocarde, de leurs serments prononcés à la volée sur les chemins. [...] De Marseille à Bordeaux, tout reconnut l'autorité du roi pendant le mois de mars entier : à Bordeaux, les troupes hésitaient ; elles seraient restées à Mme la duchesse d'Angoulême, si l'on avait appris que le roi était aux Tuileries et que Paris se défendait. Les villes de province eussent imité Paris. »

N'oublions pas l'effet de surprise causé par le retour de Napoléon, l'amplification des nouvelles touchant ce retour, le désarroi devant un choix que l'abdication de l'Empereur avait permis d'éviter en 1814. Fonctionnaires et notables n'ont pas le temps de se ressaisir : Napoléon est déjà à Paris. La résistance de la capitale leur eût laissé un moment de réflexion. Le 21 mars, il est trop tard.

Le 19 au matin, Louis XVIII prend donc, aux yeux de beaucoup, la plus mauvaise des décisions : partir pour Lille. Vitrolles obtient seulement que le départ soit différé jusqu'à la nuit. « Il n'y a pas

---

1. *Mémoires d'outre-tombe*, éd. Levaillant, p. 561.

besoin du soleil pour éclairer la honte de cette fuite », pense-t-il[1]. Par cette décision, le roi soulage les consciences, rend leur liberté aux fonctionnaires et donne raison au proverbe selon lequel les absents ont toujours tort.

C'est le dimanche des Rameaux. Le roi passe en revue, dans sa calèche, les compagnies nobles, puis prépare ses bagages. Les ministres font de même. Le duc de Feltre, qui gémit devant les frais d'un tel déplacement, obtient 100 000 francs pour éviter qu'il ne se rallie à Napoléon. Les autres ministres touchent un viatique identique.

Un peu avant minuit, une douzaine de voitures, dont la berline du roi, viennent se ranger dans la cour des Tuileries. Le roi paraît, précédé d'un huissier portant un flambeau et soutenu par Blacas et le duc de Duras. L'émotion saisit tous les témoins. Le comte d'Artois monte peu après dans sa chaise de poste. Le duc de Berry et Marmont se trouvent à la barrière de l'Étoile, où sont réunis les différents corps de la maison militaire. Parmi les hommes qui vont suivre le roi, Alfred de Vigny, admis le 6 juillet 1814 dans le corps des mousquetaires rouges.

M. de Lamartine avait obtenu pour son fils Alphonse une place de garde du corps. D'abord en garnison à Beauvais, le jeune homme vient de prendre son service aux Tuileries. Lui aussi va faire partie de l'escorte.

Il y a aussi Théodore Géricault, un peintre élève de Vernet puis de Guérin. Au salon de 1814, il a

1. Vitrolles, *Mémoires*, t. II, p. 359.

exposé *Le Cuirassier blessé quittant le feu*. Vers la fin de l'année, Géricault s'est engagé dans la compagnie des mousquetaires gris. Il prend avec sa compagnie la route de Béthune[1].

Seuls de jeunes fous pouvaient, dans cette nuit du 19 mars, rester fidèles au roi quand rien, sauf l'honneur, ne les y obligeait. Vigny évoquera cette fuite dans *Servitude et grandeur militaires* : « J'étais seul, j'étais à cheval, j'avais un bon manteau blanc, un habit rouge, un casque noir, des pistolets et un grand sabre. » À son tour Lamartine consacrera dans ses *Mémoires* quelques pages superbes et méconnues à ce départ pour le Nord : « La voiture du roi avait passé en silence au milieu de la nuit, prenant la route de Lille. Nous comprîmes qu'on avait cédé sans combattre à l'Empereur. Le maréchal Marmont, suivi d'une vingtaine de généraux, se mêla à cheval dans nos rangs ; le comte d'Artois, le duc d'Angoulême et le duc de Berry marchaient tristement à distance sous une pluie fine. On ne parlait pas. L'orgueil de la France était humilié. Cette grande désertion en masse ne pouvait rendre ce qu'elle sentait que par le silence. J'étais bien jeune, mais je puis dire que le poids de vingt révolutions pesa en ce moment sur ma poitrine[2]. »

Et si Géricault n'a pas peint ce qui s'apparente à une déroute, il a inspiré à Aragon, que l'on aurait cru plus intéressé par le mouvement populaire qui

1. J. Thuillier, *Géricault, Tout l'œuvre peint*, p. 83.
2. Lamartine, *Mémoires*, p. 221.

accompagnait le vol de l'Aigle, son meilleur roman, *La Semaine sainte*.

C'est dans la nuit que Chateaubriand apprend le départ du roi : « Mme de Chateaubriand me poussa dans sa voiture, le 20 mars, à 4 heures du matin. J'étais dans un tel accès de rage que je ne savais où j'allais ni ce que je faisais. Nous sortîmes par la barrière Saint-Martin. À l'aube, je vis des corbeaux descendre paisiblement des ormes du grand chemin où ils avaient passé la nuit pour prendre aux champs leur premier repas, sans s'embarrasser de Louis XVIII et de Napoléon[1]. »

Ainsi, c'est tout le romantisme qui est derrière le roi.

Le Moniteur du 20 mars, paru le lendemain du départ du roi, publie la dernière proclamation de Louis XVIII, datée du 19 : « La divine Providence, qui nous a rappelé au trône de nos pères, permet aujourd'hui que le trône soit ébranlé par la défection d'une partie de la force armée qui avait juré de le défendre. Nous pourrions profiter des dispositions fidèles et patriotiques de l'immense majorité des habitants de Paris pour en disputer l'entrée aux rebelles, mais nous frémissons des malheurs de tous les genres qu'un combat dans ses murs attirerait sur ses habitants.

« Nous nous retirons avec quelques braves que l'intrigue et la perfidie ne parviendront point à détacher de leurs devoirs, et puisque nous ne pouvons point défendre notre capitale, nous irons plus

1. *Mémoires d'outre-tombe*, p. 567.

loin rassembler des forces et chercher sur un autre point du royaume non pas des sujets plus aimants et plus fidèles que nos bons Parisiens, mais des Français plus avantageusement placés pour se déclarer pour la bonne cause. Nous reviendrons bientôt au milieu de ce bon peuple à qui nous ramènerons encore une fois la paix et le bonheur. »

Ce même *Moniteur* publie les adresses de fidélité au roi du préfet de l'Aveyron, du sous-préfet de Savenay et du maire de Castelnaudary. Les dernières, les plus compromettantes.

Imperturbable, *Le Moniteur* du 21 annonce : « Le roi et les princes sont partis dans la nuit. Sa Majesté l'Empereur est arrivé ce soir (20 mars) à Paris, à la tête de ces mêmes troupes qu'on avait fait sortir ce matin pour s'opposer à son passage. »

CHAPITRE III

Les préfets

Prélude au départ du roi, plusieurs préfets, entre le 14 et le 20 mars, sont chassés par des émeutes. Ce sont les départements proches des régions traversées par Napoléon qui sont surtout touchés. Comme l'a remarqué Chateaubriand, les grandes villes du Midi sont provisoirement épargnées.

Dans la Nièvre, Fiévée, qui affiche ses sympathies royalistes et se prépare à couper les ponts de Nevers si Napoléon poursuit sa marche sur Paris, doit faire face dans la soirée du 14 mars à une émeute où de nombreux mariniers attaquent les bâtiments officiels aux cris de « Vive l'Empereur ! ». Au petit matin du 15, il rend compte à Paris : « Nous venons de passer la nuit la plus affreuse, mais les serviteurs du roi triomphent jusqu'à présent. Hier, à 9 heures du soir, revenant de chez Monsieur le général, je rencontrai des hommes et des femmes criant à tue-tête : "Au pont ! au secours du pont, on veut couper le pont !" Je me suis transporté de suite au pont, parlant à la canaille dans tout mon chemin. Arrivé au pont, je vis une insurrection de plus de 4 000 personnes. Je la prêchai jusqu'au moment où de braves citoyens me tirèrent de la foule. Je les envoyai de suite chez le général, je rentrai chez moi prendre mes habits de préfet et je retournai au pont où j'espérais de trouver le général qui s'y était rendu de son côté avec quelques braves. Ils ont connu des dangers réels parce que le peuple a besoin de haïr. Je n'ai connu, moi, qu'un moment de danger que j'ai arrêté de suite en faisant retirer la garde à cheval et la gendarmerie qui étaient près de moi et en restant seul parmi les révoltés. »

Selon certains témoins, Fiévée aurait été malmené par la foule, acculé contre un mur et contraint de crier « Vive l'Empereur ! ». Le 16 mars, il envoie un nouveau rapport : « L'insurrection n'a fini qu'à 6 heures du matin ; elle avait commencé la veille à 8 heures et demie du soir. Dès 10 heures, j'avais senti l'impossibilité de séparer ces furieux ou de leur faire entendre raison. Ils criaient : "Vive l'Empereur !" sur les deux rives. Le général y a été insulté ; il a eu une de ses décorations arrachée et sa vie a été menacée. J'y ai été deux fois ; j'ai été plus respecté sans être obéi. » Sans illusion, il écrit, le 20 mars : « N'allez pas conjecturer qu'il me reste le moindre pouvoir, mais il faut finir avec honneur[1]. »

À Dijon, le préfet Terray avait déjà dû faire face à des troubles lors de la perception des droits réunis. Il doit quitter la ville face à des émeutiers qui,

1. Tulard, *Fiévée*, p. 177-178. Le général est Coetlosquet.

dans les rues, brandissent le drapeau tricolore, détruisent les fleurs de lys de la porte Guillaume et manifestent devant la demeure de royalistes avérés. Le doyen des conseillers de préfecture prend la place de Terray[1].

Capelle, préfet de l'Ain, quitte précipitamment le chef-lieu de son département devant l'effervescence populaire. Il confie, tout tremblant : « C'est une rechute de la Révolution. »

À Mâcon, le préfet Germain s'est sauvé deux jours avant l'arrivée de l'Empereur sous les huées de la population.

Dans l'Aube, tout semblait calme. Quelques indices, pourtant, auraient dû alerter le préfet : le 12 mars, le conseil de préfecture et le conseil général refusent de voter une adresse de fidélité au roi. Dans la nuit du 19 au 20 mars, des soldats venus de Bar-sur-Aube entrent à Troyes. C'est l'explosion populaire. Au matin du 20, Dupleix de Mézy se sauve.

Alexandre de Talleyrand-Périgord est préfet du Loiret depuis le 22 avril 1814. Sa fidélité à Louis XVIII ne paraît guère contestable, mais le département n'a pas bon esprit dans tous les arrondissements. Le sous-préfet de Pithiviers ne rapportait-il pas, le 30 janvier 1815, des rumeurs alarmantes concernant Napoléon « qui revient à la tête d'une armée de 1 500 000 hommes, composée de Turcs et de Nègres » ? La nouvelle officielle du débarquement parvient à Orléans le 8 mars.

1. Gaffarel, *Dijon en 1814 et 1815*, p. 168.

Alexandre de Talleyrand-Périgord a beau filtrer les nouvelles, il ne peut empêcher l'effervescence de grandir. Le 18 mars, une représentation de *Brutus* au théâtre d'Orléans provoque l'agitation de la salle avec cris de « Vive l'Empereur ! » et *Marseillaise* à l'appui.

Le 19 mars, Chabrol, préfet de la Seine, n'est pas autorisé à suivre le roi. Il reçoit, comme en 1814, l'ordre de rester à Paris pour y maintenir la sécurité des personnes et des propriétés. « Je signai seul, écrit-il dans ses Mémoires inédits, la dernière proclamation des autorités parisiennes qui rappelait aux Parisiens l'enthousiasme qu'ils avaient montré au retour du roi en 1814. » Le 21, Chabrol s'effaçait sans toutefois s'opposer à Napoléon.

CHAPITRE IV

Les maréchaux

À partir de l'entrée de Napoléon à Grenoble, il semble que le zèle de certains maréchaux se soit ralenti. Ayant remis sa démission, Soult reste en retrait. Il n'en sera que plus à l'aise pour se rallier à Napoléon.

À Marseille les critiques fusent à l'égard de Masséna. Sa proclamation du 9 mars n'a pas convaincu les Marseillais des sentiments royalistes du maréchal. On lui reproche son inactivité : ni ordre du jour ni revue. Les troupes demeurent cantonnées dans les casernes. Des incidents éclatent : un soldat est tué par son sergent pour avoir crié : « Vive le roi ! » Masséna étouffe l'affaire et le crime reste impuni.

Conscient de l'irritation des royalistes marseillais, Masséna va s'établir à Toulon le 10 mars. Il y prépare une nouvelle proclamation qu'il lancera quand la nouvelle de l'arrivée de Napoléon à Paris sera officielle. Il sera imité par Augereau. Si Oudinot continue à faire preuve de fermeté, Jourdan et Moncey sont de plus en plus hésitants. En revanche, pour Marmont et Macdonald le choix est irrémédiable. En fait, le seul maréchal qui compte, c'est Ney. C'est de lui que dépend l'issue de la crise puisqu'il sera, Macdonald mis à part, le seul à être confronté directement à Napoléon. Il sera tenu – à tort peut-être – comme la dernière carte de la monarchie. « Votre mari sera notre sauveur », dit-on à son épouse, désormais choyée par la Cour. Considéré comme le plus prestigieux et le plus aimé des maréchaux, lui seul peut, croit-on, entraîner les soldats contre Napoléon.

Était-ce vraisemblable ? Ney en parut convaincu. Dans ses déclarations, il est incontestablement sincère. Toutefois, pourquoi l'avoir laissé partir seul ? Le duc de Berry aurait pu le freiner ou le reprendre en main dans ses moments de doute. Mais la Cour pense qu'il lui sera impossible de se réconcilier avec Napoléon après l'attitude qu'il a adoptée en 1814.

*
* *

Les événements semblent donner raison à cette conviction. Ney fait diligence. Le 10 mars, il arrive à Besançon, prêt à attaquer Napoléon sur son flanc droit si ce dernier continue sur Auxerre. Le 11, Ney juge sa position si avantageuse qu'il revient à son idée de mettre Napoléon dans une cage de fer.

Pourtant, les mauvaises nouvelles se multiplient : la ville de Lyon notamment est perdue. Ney critique les dispositions de Macdonald et va s'installer à Lons-le-Saunier dans la nuit du 11 au 12. Là lui parviennent les premières proclamations de Napoléon : elles l'ébranlent. « On n'écrit plus comme ça, confie-t-il au préfet du Jura. Le roi devrait écrire ainsi. C'est comme ça qu'on parle aux soldats et qu'on les émeut. »

Dès lors il hésite, cherchant des raisons d'abandonner la cause royale : humiliations que lui a imposées le comte d'Artois, manque d'hommes et de munitions, défections de Chalon et de Mâcon, état d'esprit des soldats, impossibilité « d'arrêter l'eau de mer avec les mains ».

Mais abandonner la cause des Bourbons n'assure pas que Napoléon l'accueillera à bras ouverts. Ce qui va le rassurer, c'est le billet que lui adresse l'Empereur, lui déclarant que s'il se rallie à lui il le recevra comme au lendemain de la Moskowa.

Le succès de Napoléon paraît si certain qu'il s'est effectué jusque-là sans faire couler une goutte de sang; si Ney s'oppose à lui il portera la respon sabilité d'une nouvelle guerre civile. De plus, il découvre que ses soldats, dont il faisait son affaire, renâclent à le suivre contre Napoléon. Sa vanité en souffre. Il est prêt à tout pour masquer son échec.

Le 14 mars à l'aube, Ney tient conseil avec ses adjoints Bourmont, l'ancien chouan, et Lecourbe, l'homme de Moreau. Il leur fait part de son désir de rallier Napoléon. Bourmont louvoie, Lecourbe est plus net. Il écrira à Ney, le 16 : « Dites à l'Empereur que, dégagé de mes serments, mon cœur et mon bras sont à lui, pour la défense de la patrie et de sa personne, mais en ce moment je ne peux être des premiers à prendre son parti, je dois suivre les principes de l'honneur et de mon devoir. Souffrez que je me retire. » En réalité, Bourmont et Lecourbe laissent Ney face à sa conscience.

Ney pourrait renoncer à sa mission, comme Macdonald à Lyon, abandonné par ses soldats. Il n'y aurait pas alors trahison. Il préfère anticiper la défection qu'il devine dans les rangs de ses troupes et en prendre la tête en leur lisant une proclamation dont l'origine est incertaine (sans doute a-t-elle été remise par des émissaires de Napoléon en contact avec le maréchal).

À 10 heures, ce 14 mars, devant ses quatre bataillons d'infanterie et ses six escadrons de cavalerie, il rugit : « La cause des Bourbons est à jamais perdue ! » Le cri de « Vive l'Empereur ! » lui répond. Il peut continuer, porté par les acclamations de ses hommes : « La dynastie légitime que la nation française a adoptée va remonter sur le trône. C'est à l'empereur Napoléon qu'il appartient seul de régner sur notre beau pays. Soldats ! je vous ai souvent menés à la victoire ; maintenant je vais vous mener à la phalange immortelle que l'Empereur conduit à Paris[1]. » Puis il embrasse les soldats dans une sorte de délire que ne parvient pas à atténuer le colonel Dubalen, du 60e ligne : « Monsieur le maréchal, mes serments au roi ne me permettent pas de changer de cause. Je vous donne ma démis-

1. Houssaye, *1815*, p. 314.

sion. » Plus tard, dégrisé, Ney s'interrogera sur son attitude.

Le 15, il prend la route de Dole. Il rejoint l'Empereur à Auxerre le 17. Les retrouvailles ont lieu le lendemain matin chez le préfet Gamot. Napoléon aurait été froid, Ney, exubérant.

Il a porté un coup fatal à la monarchie. Louis XVIII, apprenant cette trahison, s'exclamera : « Le misérable ! Il n'y a donc plus d'honneur. » Macdonald tente alors de trouver une explication : « C'est impossible, le maréchal est un homme d'honneur, ses troupes l'ont sûrement abandonné ou peut-être entraîné. – Non, lui répond le duc de Berry, qui vient lui apprendre la nouvelle, c'est lui qui les a conduites à Bonaparte. »

*

* *

Un autre maréchal, devenu roi, a lui aussi précipité le cours des événements, c'est Murat. Il est vrai qu'il n'a plus rien à perdre. Son trône est menacé à Vienne au nom du principe de légitimité. Aussitôt connue à Naples la nouvelle du débarquement de Napoléon en France, Murat se prépare, on l'a vu, à entrer en guerre contre l'Autriche. « C'est avec un bonheur inexprimable, écrit-il à Napoléon le 14 mars, que j'ai appris le débarquement de Votre Majesté sur les côtes de son empire. » Le 18, il déclare la guerre à Vienne. Ses propos à l'égard de François Ier sont particulièrement durs : comment ce souverain peut-il vouer son gendre à la vindicte publique pour le plus grand profit des Bourbons, ennemis héréditaires des Habsbourgs ?

Murat s'empare de Rome aussi vite que Napoléon de Paris. Il est bientôt à Ancône. Puis, le 30 mars, il lance de Rimini un appel à l'insurrection de l'Italie contre la domination autrichienne : « Italiens ! L'heure est arrivée où de grandes destinées doivent s'accomplir. La providence vous appelle enfin à la liberté. Un cri se fait entendre depuis les Alpes jusqu'au détroit de Scylla et ce cri est : "L'indépendance de l'Italie !"[1] »

Loin de la France, dans le château de ses beaux-parents, à Bamberg, Berthier se morfond. Si Bernadotte, à Stockholm, n'a pas d'états d'âme et se prépare, sans enthousiasme, en cas de guerre longue, à entrer dans une nouvelle coalition contre la France, Berthier est hésitant. Son médecin, Ziegler, le décrit comme mélancolique. Il assiste aux mouvements des troupes russes dans la région : elles vont à nouveau envahir la France. Le 1er juin, il monte dans la chambre de ses enfants située à l'étage le plus élevé du château, vers une heure de l'après-midi. La gouvernante l'entend répéter deux fois à haute voix : « Ma pauvre patrie ! » Puis il serait monté sur un fauteuil et aurait basculé par la fenêtre dans le vide. A-t-il voulu se donner la mort ? Est-il monté sur le fauteuil pour mieux voir les mouvements de troupes et a-t-il été victime d'un accident dû au vertige, ou à un faux mouvement ? Ou a-t-il

1. Tulard, *Murat*, p. 363.

été précipité dans le vide pour l'empêcher de rejoindre Napoléon ?

Berthier ne sera pas à Waterloo, et cette absence a peut-être influé sur le sort de la bataille.

CHAPITRE V

Talleyrand et Fouché

En dépit des mauvaises nouvelles qui lui parviennent, Talleyrand continue d'afficher une fidélité imperturbable au roi. Il y gagne auprès des représentants des puissances européennes une autorité qu'il n'avait guère à son arrivée à Vienne. Le 16 mars, il écrit à Jaucourt qui est à Paris : « Il est d'un premier intérêt que je sois instruit des plus petites choses qui arrivent relativement à Buonaparte. Les mauvaises nouvelles se répandent, il faut les détruire et je ne puis les détruire que quand j'ai des nouvelles directes. Songez bien à ceci : c'est que cette même Europe qui a été amenée à faire la déclaration que je vous ai envoyée est en plcine jalousie de la France, du roi, de la maison de Bourbon. Quand les nouvelles sont mauvaises, ce sentiment se montre; et ce matin, trois estafettes de Genève étaient arrivées à l'empereur de Russie et à l'Autriche pour annoncer que Buonaparte était à Grenoble et qu'un régiment avait quitté nos drapeaux pour passer sous les siens. De grâce, instruisez-moi; nous n'avons aucun motif pour craindre;

nous sommes sûrs de notre cause, mais il faut des nouvelles pour détruire des nouvelles. En agissant avec la constitution et la seule constitution, vous êtes bien fort. Je regrette de ne pas être avec vous, mais il faut finir ici[1]. »

Le 19 mars, dressant un bilan de son action en faveur du roi, Talleyrand écrit à Louis XVIII. « L'esprit ici est excellent. C'est Buonaparte tout seul que l'on a en vue. Tous les actes seront dans ce sens-là[2]. »

Le 23 mars, il rassure Louis XVIII, ignorant que cette lettre ne lui parviendra pas à Paris : « Les forces que l'Autriche, la Russie, l'Angleterre, la Prusse, la Bavière, la Hollande, les États d'Allemagne, la Sardaigne mettront sur pied, formeront un total de sept cent mille hommes prêts à agir dès qu'ils seront requis. »

Ultime conseil : « Ces papiers que nous avons reçus aujourd'hui de Paris et qui vont jusqu'à la date du 14 inclusivement me font espérer que Votre Majesté ne sera pas obligée de quitter Paris ; dans le cas contraire, ce qui paraît ici le plus désirable serait qu'Elle se retirât, si cela était absolument nécessaire, vers quelque place du Nord dont elle serait absolument sûre et qu'Elle y fût suivie par les deux chambres et la partie de l'armée restée fidèle accrue d'une portion de la garde nationale. Ce qu'il importe le plus d'éviter étant que Votre Majesté ne semble isolée et que cela n'induise à regarder

---

1. *Correspondance du prince de Talleyrand...*, p. 347.
2. *Ibid.*, p. 355.

comme distinctes sa cause et celle de la nation qui n'en font qu'une seule[1]. »

Talleyrand reste à Vienne un personnage important, si important que Napoléon enverra des émissaires pour essayer de l'acheter. Pour une fois, Talleyrand demeurera incorruptible. Il ne croit plus en Napoléon.

*

* *

Le premier rôle est cette fois dévolu à Fouché. Plus il se dérobe devant les sollicitations de Dambray, plus le parti royaliste s'obstine à voir en lui le sauveur de la monarchie. Benjamin Constant s'en étonne, mais Vitrolles insiste auprès du comte d'Artois.

Le 15, Fouché est prévenu que le comte d'Artois souhaite avoir son avis sur la situation. Le duc d'Otrante savoure cette revanche et indique comme lieu de rencontre l'hôtel de la princesse de Vaudémont. L'entrevue eut lieu, le 15, à 10 heures du soir. Elle s'acheva à minuit sur ces mots prêtés à Fouché : « Monseigneur, sauvez le roi, je me charge de la monarchie[2]. » Y eut-il accord, Fouché feignant de se rallier à Napoléon pour mieux le trahir et préparer le retour du roi ?

1. *Ibid.*, p. 360.
2. Tulard, *Fouché*, p. 332.

Pour faciliter ce ralliement, une comédie aurait été montée, car tout ce qui suit relève de la comédie et ne peut s'expliquer autrement.

Ordre fut donné à Bourrienne devenu préfet de police d'arrêter Fouché en même temps que quelques bonapartistes notoires, Davout, Savary et Maret. Foudras, policier expérimenté, fut chargé de l'opération. Le lendemain, alors que le duc d'Otrante était sorti en voiture de son hôtel, il fut interpellé dans la rue par des policiers. Il le prit de haut : « On n'arrête pas un ancien ministre sur la voie publique. » Il donna l'ordre à son cocher de retourner à l'hôtel, suivi par les policiers.

Chez lui, Fouché contesta l'authenticité du mandat d'arrêt. Embarras des policiers. On alla aux nouvelles, mais dans l'intervalle Fouché s'était sauvé, sautant par une fenêtre de son jardin et gagnant le mur mitoyen avec celui du parc de la reine Hortense où traînait, singulière coïncidence, une échelle. De là Fouché gagna le domicile de Lombard-Taradeau, ancien secrétaire général du ministère de la Police.

Ainsi Fouché devenait-il à bon compte un martyr de la cause bonapartiste. Lorsque, le 20 au soir, Napoléon entra aux Tuileries, il y trouva Fouché. Celui-ci présenta ses états de service : il n'avait pas trahi en 1814, à l'inverse de Talleyrand (c'est qu'il n'était pas là) ; il avait encouragé la conspiration du Nord ; il avait failli être arrêté par la police de Bourrienne. Qui pouvait dire mieux ?

Il sollicita le portefeuille des Affaires étrangères, mais eut une nouvelle fois la Police. Un portefeuille encore plus utile quand on est décidé à trahir un régime dans la durée duquel on ne croit guère.

CHAPITRE VI

Lendemains de crise

Cent jours s'écoulèrent entre le départ du roi des Tuileries et son retour à Paris, mais ce sont les vingt jours précédents qui furent déterminants : aucune résistance ne se manifesta de la part de l'administration ou de l'armée, pouvant empêcher le « vol de l'Aigle ». Il n'y eut que des états d'âme.

La crise de mars 1815 ne pouvait rester sans conséquences. Le changement de dynastie, en 1814, s'était opéré en douceur, sur fond de guerre il est vrai, grâce à l'abdication de Napoléon. Cette fois, Louis XVIII s'était certes enfui, mais l'abandon des Tuileries ne supposait pas celui de ses droits au trône de France. Napoléon sortait vainqueur de la crise mais c'était une victoire à la Pyrrhus qui ne résolvait rien. Il fallait maintenant se défendre face à l'opposition intérieure et extérieure.

Dans la nuit du 20 au 21 mars, Napoléon, sans perdre de temps, nomma ses ministres. Il n'y eut qu'un refus, celui de Molé. Cambacérès eut la Justice à sa place. Dans les autres ministères, se retrouvaient le plus souvent les titulaires d'avant l'abdication : Decrès à la Marine, Caulaincourt aux Affaires étrangères, Maret à la secrétairerie d'État, Gaudin aux Finances et Mollien au Trésor. Deux surprises : Carnot à l'Intérieur (encore avait-il été déjà ministre sous le Consulat) et Davout à la Guerre. On regardait Fouché, à la Police, comme l'homme fort du ministère. Mais sa présence ne rassurait guère sur l'avenir du régime.

Dès le 21 mars, les adresses de fidélité et les déclarations d'adhésion à l'Empire affluèrent, et *Le Moniteur* en assura la publication comme quelques jours auparavant il publiait adresses et messages en faveur de Louis XVIII.

*
* *

Les maréchaux donnèrent l'exemple. Aussitôt l'entrée de Napoléon aux Tuileries connue, Masséna lançait une proclamation : « Un événement aussi heureux qu'extraordinaire nous a rendu le souverain que nous avions choisi, le Grand Napoléon. Ce doit être un jour de fête pour tous les Français. Il est remonté sur son trône sans qu'il y ait une goutte de sang répandue. Il est revenu au sein d'une famille qui le chérit. Français ! il n'y a pas une ville dans l'Empire où il n'y ait un monument qui atteste ses bienfaits. Bénissons le ciel qui nous l'a redonné ! Le militaire revit en lui le héros qui l'a constamment conduit à la victoire. Les sciences et les arts retrouvent leur protecteur. Faisons des vœux pour la conservation de ses jours et de sa dynastie. Vive l'Empereur[1] ! »

Augereau ne voulut pas être en reste dans la platitude et la flagornerie. Le 22 mars, il haranguait ainsi les troupes de la 14e division militaire : « Soldats ! L'Empereur est dans sa capitale. Un moment, la fortune lui fut infidèle. Séduit par la plus noble illusion, le bonheur de la patrie, il crut devoir faire à la France le sacrifice de sa gloire et de sa couronne. Ses droits sont imprescriptibles ; il les réclame aujourd'hui ; jamais ils ne furent plus sacrés pour nous[2] ! »

Napoléon accueillit avec dédain ces ralliements de dernière heure, mais il se résigna à appeler Masséna à Paris pour y commander la garde nationale. La fermeté d'Oudinot à Metz avait faibli à mesure que Napoléon se rapprochait de Paris. Quand le télégraphe annonça l'entrée de l'Empereur dans la capitale, le maréchal, le 24 mars, prit la direction de Paris pour y obtenir son pardon. Mais, à mi-chemin, il apprit que Napoléon refusait de le recevoir.

Jourdan, Moncey et Mortier se rallièrent discrètement. Ils eurent moins de dignité que Suchet. Celui-ci attendit que Napoléon le convoquât aux Tuileries. On revit Soult mais c'est Davout qui eut le portefeuille de la Guerre tandis que Brune, à l'écart depuis 1814, remplaçait Masséna, le 16 avril, à la tête de la 8e division militaire.

---

1. Reproduit par Christian Bonnet dans *Le Département des Bouches-du-Rhône sous le Consulat et l'Empire* (thèse dactylographiée), p. 1032.

2. Couturaud, *Augereau*, p. 177.

D'autres avaient suivi Louis XVIII : Marmont (mais pouvait-il faire autrement ?) ; Victor, qui, jusqu'au 22 mars, résista à Châlons-sur-Marne, avant de prendre la route de Gand, Macdonald enfin, qui, après avoir accompagné le monarque jusqu'à la frontière belge, revint à Paris pour s'engager comme simple grenadier dans la garde nationale.

L'itinéraire de Gouvion-Saint-Cyr ne fut pas moins surprenant. Il avait reçu, le 19 mars, alors que tout était perdu, le commandement des troupes rassemblées à Orléans. Avant même d'avoir gagné son poste, il apprit le départ du roi. Il se rendit quand même à Orléans. Sur la route, il croisa Vitrolles qui allait tenter d'organiser la résistance dans le Midi. Arrivé à Orléans, il exigea de ses soldats le port de la cocarde blanche. Les royalistes croyaient encore en lui le 22 mars, et le comte de Coëtlosquen écrivait : « Le nom du maréchal Gouvion-Saint-Cyr doit inspirer la plus grande confiance[1]. » Mais, faute d'être obéi, il dut se retirer sans toutefois se rallier. Dernier maréchal à rejoindre Napoléon : Murat. Mais c'est en vaincu. Battu à Tolentino, le 3 mai, il dut fuir en France, ayant perdu son trône. Napoléon refusa de l'accueillir. Murat se plaignit : « La patrie est en danger, j'offre mes services, on en ajourne l'acceptation. »

1. D'Ainval, *Gouvion-Saint-Cyr*, p. 149.

Les préfets n'ont pas été les derniers à découvrir que Napoléon, depuis qu'il était aux Tuileries, était devenu le souverain légitime.

Tel est le cas de Vaublanc en Moselle. Le succès de Napoléon assuré, il s'empresse de faire imprimer, le 24 mars, du papier administratif frappé des aigles impériales et diffuse avec zèle toutes les instructions venues de Paris. Il fait savoir au ministre de l'Intérieur que Napoléon n'aura pas de serviteur plus dévoué que lui. Mais sa conduite dans la crise a été trop voyante. Ses administrés s'indignent de son maintien et les dénonciations pleuvent contre lui. Le 27 mars, Vaublanc s'enfuit. Il ira rejoindre le roi à Gand. À Châlons-sur-Marne, Bourgeois de Jessaint est plus heureux. Son ralliement à l'Empereur passe inaperçu.

On pourrait citer d'autres exemples d'opportunisme dans le corps préfectoral. Mais Napoléon entendait reprendre en main l'administration et procéder à un vaste renouvellement du personnel. Si l'on avait pu parler d'une épuration de convenance en 1814, il s'agit cette fois d'une épuration politique. L'administration doit s'aligner sur les idées de l'exécutif, elle ne peut être neutre mais est au service de l'Empereur. N'est-ce pas lui qui nomme les fonctionnaires ?

La vénalité des charges avait assuré, sous l'Ancien Régime, à certains agents de l'État, notamment dans le domaine judiciaire et fiscal, une réelle indépendance contre laquelle la monarchie réagit par les lettres de commission confiées notamment aux intendants et que le roi pouvait retirer à tout moment. La notion d'épuration se limita, après la Fronde, aux disgrâces de ministres entraînant celles de leurs commis.

L'abolition, dans la nuit du 4 août 1789, du principe de la vente des offices et l'accès de tous désormais aux grands emplois de l'État entraînèrent l'établissement d'un nouveau principe : l'élection des fonctionnaires. Principe incompatible avec la centralisation décidée sous la Terreur.

À partir du Consulat, tous les fonctionnaires sont nommés et le resteront par la suite, du préfet au chef de division, du juge au gendarme. La nomination des fonctionnaires ne s'accompagnait d'aucune garantie (un statut de la fonction publique ne verra le jour que sous la IVe République) et les mettait à la merci de l'État. Du moins leur assurait-il un certain confort : ils n'avaient qu'à obéir. Mais obéir à qui, dans certaines conjonctures ? Les vingt jours du mois de mars 1815 montrèrent les inconvénients du système.

Si Napoléon souhaitait des fonctionnaires fidèles et dévoués, l'opinion allait dans le même sens. Une épuration était demandée par de nombreuses lettres ou mémoires. Citons un anonyme : « Tout deviendra dangereux pour la gloire de Napoléon et funeste pour la France si, dans la crise sourde mais violente où l'intérieur se trouve, on n'emploie promptement de grands remèdes pour de grands maux. Les administrations civiles sont gangrenées depuis longtemps dans la plus grande partie des membres qui les composent. Il faut dans tous les emplois des hommes qui servent l'État pour l'État, des patriotes dans l'acception littérale du mot et non de ces hommes équivoques, esclaves de l'autorité, sacrifiant le devoir, l'honneur et la patrie au plus vil intérêt. »

Face aux périls intérieurs, il importait en effet pour le régime de disposer d'une administration sûre et énergique, et non de fonctionnaires opportunistes ou hostiles.

*

* *

Le principe de cette épuration, qui remet en cause l'amnistie promise à Lyon, est défini dans *Le Moniteur* du 14 mai : « Des motifs politiques [et non plus de convenance comme en 1814 ; cette fois, c'est bien une épuration] ont pu se réunir à d'autres causes de renvoi de plusieurs employés. Ces motifs ont pu être que des individus qui avaient passé une partie de l'année dernière à faire preuve des plus fortes garanties de leur dévouement à la dynastie des Bourbons, données par quelques-uns au temps même où ils étaient engagés par leur serment envers l'empereur Napoléon, que ces individus ne paraissent pas en cela même offrir assez de garanties à l'ordre social actuel qui a remplacé les Bourbons et qui est en ce moment l'objet de leurs attaques directes et indirectes unies à celles de l'étranger. » Trois administrations sont particulièrement visées : la justice, le corps préfectoral et la police.

Au sommet de la pyramide administrative et juridique, le Conseil d'État, rétabli dans son ancienne forme par le décret du 24 mars 1815, retrouve les deux tiers des conseillers de l'Empire en place en mars 1814. L'autre tiers n'est pas repris. Certains sont écartés, comme Dalberg, Louis, Beugnot, Pasquier, Henrion de Pansey, Laforest, pour avoir joué un rôle important en 1814 dans la chute de l'Empire ; d'autres le sont pour s'être ralliés un peu trop rapidement au gouvernement provisoire. Gouvion-Saint-Cyr et Lacuée paient leur comportement au cours du mois de mars[1].

À la Cour de cassation, l'ordonnance du 15 février 1815, instituant une nouvelle cour, en avait définitivement écarté Muraire (remplacé à la présidence par Romain de Sèze, le défenseur de Louis XVI), les substituts Thuriot et Pons ainsi que les conseillers Delacoste, Dutocq, Liborel, Oudart, Oudot, Lamarque, Genevois et Lombard. La cour venait à peine d'être installée au retour de Napoléon. À Lyon, celui-ci avait rétabli dans leurs fonctions les magistrats qui en avaient été écartés et il avait révoqué leurs remplaçants. La Cour de cassation, y compris les magistrats qui avaient été maintenus par Louis XVIII et qui firent preuve d'ingratitude, votait, le 25 mars, une adresse à l'Empereur : « Lorsque, par l'ascendant seul de votre nom et la force de votre caractère, vous venez de couronner l'entreprise la plus étonnante et la plus glorieuse, lorsque, dans cette marche rapide qui vous a rendu

1. Durand, *La Fin du Conseil d'État napoléonien*, p. 176.

à la France, ramené dans la capitale et replacé sur le trône, vous n'avez recueilli que des vœux, des acclamations et des témoignages d'amour et de confiance, ce n'est pas par des félicitations ordinaires que nous pouvons exprimer l'admiration qui se rattache à un si grand et si heureux événement[1]. »

Un vaste remaniement préfectoral était indispensable. On en comparera le tableau avec celui donné pour 1814 (voir page 47).

AIN. Abrial remplaça Baude, le 22 mars, mais n'eut pas le temps d'être installé avant le retour du roi. Baude, nommé le 14 mars, avait lui-même été substitué à Capelle qui rejoignit le roi à Gand.

AISNE. Micoud, ancien préfet de l'Ourthe, est nommé le 22 mars à la place de Malouet.

ALLIER. Pougeard de Limbert, écarté par Louis XVIII, retrouve sa préfecture le 22 mars. Lambert de Frondeville s'enfuit en Belgique.

ALPES (BASSES-). Duval est finalement écarté le 19 mai au profit de Paul-Louis Didier, ancien auditeur au Conseil d'État et sous-préfet de Grenoble.

ALPES (HAUTES-). Trois nominations sans suite avant celle de Petiet le 6 avril.

ARDÈCHE. Arnault est nommé le 22 mars à la place de Joseph d'Indy.

ARDENNES. Roussy de Sales est écarté, le 22 mars, au profit de Girod de Vienney.

1. Texte repris dans *Le Moniteur*.

ARIÈGE. Bessières, préfet de l'Aveyron, devient préfet de l'Ariège le 6 avril.

AUBE. Antoine-Marie Roederer, écarté en mai 1814, retrouve son poste le 22 mars.

AUDE. Trouvé, nommé en l'an XI, malgré ses efforts, est finalement remplacé par Saulnier, ancien auditeur, d'abord nommé en Tarn-et-Garonne.

AVEYRON. Bessières passé dans l'Ariège, la préfecture revient à Villeray le 6 avril.

BOUCHES-DU-RHÔNE. C'est Frochot, l'ancien préfet de la Seine, disgracié lors de l'affaire Malet, qui prend le chemin de Marseille.

CALVADOS. L'ancien conventionnel Richard est substitué, le 22 mars, à Séguier, trop compromis, mais Richard se retire le 17 mai au profit de Ramel de Nogaret.

CANTAL. Sabatier, en place depuis 1810, s'efface. Mathieu de Lesseps le remplace le 6 avril.

CHARENTE. Boissy d'Anglas, écarté par Louis XVIII, est repris par Napoléon le 22 mars.

CHARENTE-INFÉRIEURE. Le 6 avril, Boissy d'Anglas passe dans la Charente-Inférieure où Arbaud-Jouques a choisi de cesser ses fonctions.

CHER. Rivet remplace Didelot le 6 avril.

CORRÈZE. Périer, nommé en 1810, est maintenu.

CORSE. Xavier Giubega, chassé par la Restauration, reprend ses fonctions le 30 mars.

CÔTE-D'OR. Terray en fuite, c'est Maurice-Duval, ancien préfet des Appenins, qui le remplace le 22 mars.

CÔTES-DU-NORD. Goyon, trop marqué, est éliminé au profit de Vismes, pourtant ancien émigré, le 6 avril.

CREUSE. Camus du Martroy invoque des raisons de santé pour ne pas continuer. La préfecture revient à Chaillou le 28 mars.

DORDOGNE. Didelot est nommé le 6 avril, abandonnant le Cher.

DOUBS. Scey-Montbéliard, trop ardent royaliste, est remplacé par Deville-Maléchard. Il passe à Neufchâtel et tente de lever des volontaires royaux.

DRÔME. Descorches de Sainte-Croix, en place depuis l'an IX, disparaît au profit de Des Gouttes.

EURE. Choiseul d'Aillecourt en a trop fait. Il cesse de lui-même ses fonctions. Finalement Maurice-Duval passe de la Côte-d'Or à l'Eure.

EURE-ET-LOIR. Rouillé d'Orfeuil est maintenu, Rolland de Villarceaux ayant refusé le poste le 6 avril.

FINISTÈRE. Tournon-Simiane refuse de remplacer Conen de Saint-Luc. Le vétéran Chazal, ancien conventionnel, accepte le poste.

GARD. Roggieri succède, le 6 avril, à Rolland de Villarceaux.

GARONNE (HAUTE-). Ce n'est pas Lameth, qui refuse, mais Treilhard qui succède à Beaupoil de Saint-Aulaire.

GERS. Brochet de Verigny a finalement pour successeur Abrial, le 20 avril.

GIRONDE. C'est un département important car suspect de sympathies royalistes. Bruslé de Valsuzenay a donné trop de gages au duc d'Angoulême. Il est révoqué et remplacé par Fauchet, qui a déjà été préfet de la Gironde en 1806.

HÉRAULT. Plusieurs refus (Maurice-Duval, Rolland de Villarceaux, Tournon-Simiane, d'Alphonse). Ce sera, le 4 juin, Emmanuel Cochon de Lapparent.

ILLE-ET-VILAINE. Le 22 mars, Méchin, un vétéran, succède à Le Pileur de Brévannes qui venait d'être nommé en janvier.

INDRE. Prouveur de Pont de Grouard, le 22 mars, puis Mallarmé, le 6 avril, remplacent Dessolle.

INDRE-ET-LOIRE. Cassagnes de Beaufort est substitué à Hersant-Destouches.

ISÈRE. Fourier, dont on a vu le comportement ambigu, perd sa place dès le 9 mars au profit de Colaud de La Salcette puis de Bourdon-Vatry, le 4 mai.

JURA. Doazan, déjà préfet sous l'Empire, succède à Vaulchier du Deschaux le 22 mars.

LANDES. Carrère de Loubère avait été nommé par le duc d'Angoulême en mars 1814. Il cède sa préfecture à Harel le 22 mars.

LOIR-ET-CHER. Cristiani de Ravaran, nommé en mai 1811, traverse la crise sans problèmes.

LOIRE. Tribert prend la place de Rambuteau le 6 avril.

LOIRE (HAUTE-). Cahouet refuse la succession de Sartiges. Ce sera Bergognié le 6 avril.

LOIRE-INFÉRIEURE. Barante est écarté au profit de Bonnaire le 22 mars.

LOIRET. Alexandre de Talleyrand-Périgord s'est efforcé de maintenir le département dans la fidélité à Louis XVIII. Il remet sa démission le 21 mars pour devenir commissaire extraordinaire du roi près les armées autrichiennes. Houdetot refuse sa succession qui échoit, le 30 mars, à Leroy de Boisaumarié.

LOT. Petit de Beauverger est maintenu.

LOT-ET-GARONNE. Rouen des Mallets remplace Christophe de Villeneuve-Bargemon.

LOZÈRE. Dunod de Charnage, jeune auditeur, est appelé à succéder à Joseph de Barrin.

MAINE-ET-LOIRE. Clerel de Tocqueville s'efface devant Viefville des Essarts qui refuse le poste. Ce sera Galeazzini, le 25 mars.

MANCHE. Bossi sauve sa préfecture.

MARNE. Bourgeois de Jessaint est maintenu.

MARNE (HAUTE-). Jerphanion, d'abord confirmé, est remplacé par Fargues le 1er mai.

MAYENNE. Marnière n'est pas plus heureux. Le 22 mars, Villiers du Terrage lui succède.

MEURTHE. Bouvier du Molart prend, le 25 mars, la place de Mique.

MEUSE. Jean de Vaines est écarté mais Flavigny n'accepte pas sa succession. Ce sera Cochelet le 11 avril.

MORBIHAN. Jullien de Bidon, écarté en juillet 1814 au profit de Lagrange Gourdon de Floirac, retrouve sa préfecture le 22 mars.

MOSELLE. Vaublanc, malgré, on l'a vu, ses efforts pour plaire à Napoléon, est écarté au profit de Ladoucette.

NIÈVRE. Pas question de maintenir Fiévée. Le Tonnelier de Breteuil est nommé. Il l'avait déjà été en 1810. Cette fois il refuse. Par prudence mais en invoquant un prétexte inattendu : il va se marier avec Mlle Cottin et a juré à sa belle-mère, écrivain en renom, qu'il ne la quittera jamais et ne demandera aucune place. Jean-Baptiste Rougier de La Bergerie accepte puis se retire le 25 mai au profit de son fils Nicolas.

NORD. Dupont-Delporte, d'abord secrétaire général du ministère de l'Intérieur, prend cette place le 22 mars.

OISE. Basset de Châteaubourg en devient préfet le 6 avril, Regnier ayant remis sa démission.

ORNE. Lamagdelaine, écarté le 21 avril 1814, retrouve sa préfecture le 22 mars.

PAS-DE-CALAIS. Le général de Lachaise, en place depuis 1801, se retire le 6 avril au profit de Roujoux de Buxeuil.

PUY-DE-DÔME. Reynaud de Boulogne de Lascours, ancien député, remet sa démission le 30 mars. Il reviendra le 8 juillet. Dans l'intervalle, Rogniat occupe ses fonctions.

PYRÉNÉES (BASSES-). Combe-Sieyès remplace Antin d'Ars le 22 mars.

PYRÉNÉES (HAUTES-). Villeneuve est révoqué au profit de Benoît Dupont le 22 mars. Il passe en Espagne.

PYRÉNÉES-ORIENTALES. Un autre Roujoux de Buxeuil est nommé à la place de Duhamel le 6 avril.

RHIN (BAS-). Jean de Bry, évincé du Doubs en 1814, remplace Kergariou démissionnaire le 24 mars.

RHIN (HAUT-). Baude de La Vieuville s'efface devant Angosse le 6 avril.

RHÔNE : Chabrol de Crouzol en fuite abandonne dès le 12 mars sa préfecture à Fourier, dont pourtant le comportement a été ambigu à Grenoble. Puis Fourier est écarté le 17 mai au profit de Pons de l'Hérault.

SAÔNE (HAUTE-). Esnou de Saint-Céran est appelé à la place de Flavigny le 6 avril.

SAÔNE-ET-LOIRE. Dès le 13 mars, Jean-Pierre du Colombier remplace Germain de Montforton démissionnaire.

SARTHE. Jules Pasquier, démissionnaire, est remplacé par Pierre de Lagarde le 30 mars.

SEINE. À Paris s'installe Taillepied de Bondy, préfet du Rhône de 1810 à 1814, Chabrol s'étant retiré le 20 mars.

SEINE-INFÉRIEURE. Stanislas de Girardin, confirmé le 6 avril, est appelé en Seine-et-Oise le 17 mai.

SEINE-ET-MARNE. Godard d'Aucour de Plancy, en poste depuis 1810, est maintenu.

SEINE-ET-OISE. Delaître, nommé en janvier 1814, reste en place. Élu député, il est remplacé en mai par Girardin.

SÈVRES (DEUX-). Busche, nommé le 12 mars 1813, est confirmé.

SOMME. Alexandre de Lameth, destitué le 6 avril, repris le 20, est finalement remplacé par Cavaignac le 10 juin.

TARN. Blocquel de Croix de Wismes abandonne sa préfecture, le 6 avril, à Bruneteau de Sainte-Suzanne.

TARN-ET-GARONNE. Beaucoup de flottement avant que Saulnier n'accepte le 20 avril. Il cède sa place à Rambuteau le 15 mai.

VAR. Bouthillier, s'étant montré hostile à Napoléon dans ses proclamations, ne pouvait se maintenir. Defermon est appelé à le remplacer.

VAUCLUSE. Vanssay prend la préfecture le 15 mars puis la quitte, le 6 avril, au profit de Heim.

VENDÉE. Boullé est substitué à Frémin de Beaumont, le 22 mars. Nomination importante en raison de l'insurrection de l'Ouest. Boullé est remercié le 19 mai et remplacé par Ferri-Pisani de Saint-Anastase.

VIENNE. Mallarmé, maintenu en 1814, passe dans l'Indre et laisse la place à Prouveur.

VIENNE (HAUTE-). Texier-Olivier, chassé en juillet 1814, revient dans sa préfecture le 15 avril.

VOSGES. Cahouet est préféré à Guyon de Montlivaut le 6 avril.

YONNE. Gamot, beau-frère de Ney, est maintenu en raison de son attitude en mars.

Au total, huit préfets seulement restent en place et quatre changent uniquement de préfecture. C'est dire l'ampleur du mouvement[1]. Cette épuration a surpris l'opinion. Elle doit être nuancée : beaucoup de préfets ont pris les devants en donnant leur

---

1. D'après *Les Préfets. Répertoires nominatif et territorial*

démission mais en l'enveloppant de justifications; Kergariou, par exemple, entend se consacrer à l'éducation de ses enfants. Plusieurs préfets écartés en 1814 refusèrent de reprendre du service : ce fut le cas de Tournon.

La police est également frappée. Bourrienne en fuite est remplacé à la tête de la préfecture de police par Réal dès le 20 mars. Encore une fois, ce dernier a manqué le ministère de la Police qui avait semblé s'offrir à lui en 1799 et en 1804. Le choix de Réal récompense un des partisans les plus fidèles de Napoléon mais aussi un spécialiste qui pourra surveiller Fouché.

Piis est écarté du secrétariat général et relégué aux fonctions d'archiviste. C'est Rolland-Bussy, neveu de Réal, qui le remplace le 31 mars. Le même jour, neuf commissaires nommés par Louis XVIII, dont Dossonville, sont révoqués. En revanche, sept commissaires écartés par le roi retrouvent leurs fonctions. C'est le même ballet que pour le corps préfectoral. Deux officiers de paix remettent leur démission plutôt que de prêter serment; sept inspecteurs sont suspendus ainsi qu'un employé... qui n'avait pas reparu dans son bureau depuis deux ans[1].

*

* *

1. Tulard, *Paris et son administration*, p. 379

L'épuration s'élargit à tous les ministères (voir l'article du *Moniteur* cité page 245). Carnot donne le ton. Toutefois, à l'exception de quelques arrestations (Bouthillier, préfet du Var, incarcéré à Toulon) et de mesures d'éloignement de Paris, dans le cas de Pasquier par exemple, cette épuration ne fut pas violente.

Fut-elle en revanche efficace ?

Très vite, surtout lorsque fut constaté que Marie-Louise et le roi de Rome n'avaient pas rejoint Napoléon, le scepticisme s'est installé. Thibaudeau parle durement des préfets des Cent-Jours. De Maurice-Duval appelé à Dijon, il écrit qu'il « n'était guère à la hauteur des circonstances ». Ducolombier paraissait « embarrassé, sans confiance, sans énergie ». À Auxerre, Gamot « n'inspirait aucune confiance[1] ».

On lit dans un bulletin de police du 16 mai : « On remarque que la plupart des bureaux de distribution de tabacs et même l'entrepôt ont bien effacé sur les écriteaux le mot de royales mais on n'y a pas substitué le mot impériales. Il est bien certain que cela est remarqué par les gens du peuple qui ne jugent que par de simples inductions et ils disent qu'il faut que l'administration croie peu à la solidité de l'état actuel des choses puisqu'elle ne rétablit pas même les emblèmes. »

Le scepticisme vient d'en haut. Fouché ne cache pas ses doutes sur l'avenir du régime devant Thibaudeau le régicide comme devant Pasquier le royaliste.

---

1 Thibaudeau, *Mémoires*, p. 477.

À ce dernier il confie : « Napoléon sera obligé de partir pour l'armée avant la fin du mois. Une fois parti, nous resterons maîtres du terrain. Je veux qu'il gagne une ou deux batailles, il perdra la troisième, et alors notre rôle à nous commencera[1]. »

C'est en effet à la suite de la défaite de Waterloo et des intrigues de Fouché que Louis XVIII fut de retour à Paris, le 8 juillet.

La formation d'un ministère que présidait Talleyrand, avec le portefeuille des Affaires étrangères et où figuraient Fouché à la Police, Louis aux Finances, Pasquier à la Justice, Gouvion-Saint-Cyr à la Guerre et Jaucourt à la Marine, pouvait laisser espérer une épuration modérée. Il n'en fut rien. « La catastrophe du 20 mars, déclarait Salaberry à la Chambre des députés, a tracé une ligne de démarcation entre les bons et les mauvais citoyens. » Ce sera donc une épuration-châtiment, la Terreur blanche. Ney et Labédoyère seront fusillés.

Le sort des préfets fut plus doux. Tous ceux qui avaient été nommés par Napoléon furent écartés, à l'exception de Bourgeois de Jessaint dans la Marne ; il devait conserver sa préfecture jusqu'en 1838, établissant un record de longévité. Une vingtaine de préfets de la première Restauration retrouvèrent leur préfecture : Pougeard de Limbert dans l'Allier, Albertas dans les Bouches-du-Rhône, Brochet de Verigny dans le Gers, Dessolle dans l'Indre, Hersant-Destouches en Indre-et-Loire, Carrère de Loubère dans les Landes, Sartiges dans la

1. Pasquier, *Mémoires*, t. III, p. 195.

Haute-Loire, Talleyrand-Périgord dans le Loiret, Christophe de Villeneuve-Bargemon en Lot-et-Garonne, Barrin en Lozère, Lagrange-Gourdon de Floirac dans le Morbihan, Riccé dans l'Orne, Reynaud de Boulogne de Lascours dans le Puy-de-Dôme, Chabrol de Crouzol dans le Rhône, Jules Pasquier dans la Sarthe, Chabrol à Paris, Girardin dans la Seine-Inférieure, Delaître en Seine-et-Oise, Jean-Paul de Villeneuve-Bargemon en Tarn-et-Garonne.

Sont également épurés cent quinze sous-préfets, trente et un secrétaires généraux et une partie du personnel administratif. Chabrol écrit dans ses Mémoires : « Je fais tous mes efforts pour conserver mes employés ainsi que les fonctionnaires gratuits [les surnuméraires] qui n'avaient pas été compromis d'une manière évidente pendant les Cent-Jours[1]. »

Le Conseil d'État royal ne reparut pas tel que l'avait laissé Louis XVIII en mars 1815. Une ordonnance du 23 août modifia son organisation. Il resta sur ses listes fort peu des hommes qui avaient servi l'Empire des Cent-Jours. Même le secrétaire général fut changé.

De la Cour des comptes furent exclus Carret, responsable de l'organisation des fédérés de Paris, et le régicide Letourneur. Ayant rétabli la préfecture de police avant son départ pour Gand, Louis XVIII ne pouvait la supprimer à son retour d'exil malgré les critiques dont elle était l'objet.

---

1. Chabrol, Mémoires inédits.

Réal, qui avait tenté de soulever les ouvriers parisiens, fut remplacé par Decazes, ancien secrétaire des commandements de Madame Mère, mais qui avait su se tenir à l'écart pendant les Cent-Jours, entretenant même une correspondance avec le baron Louis réfugié à Gand. C'est ce même Louis qui le recommanda à Fouché et Talleyrand.

Les commissaires et officiers de paix furent une nouvelle fois épurés ainsi que le personnel des bureaux. Une liste de proscription parut dans *Le Moniteur*. Du 28 juillet, elle était signée par Fouché. Celui-ci expliquait aux préfets : « La volonté du roi est de jeter un voile sur les crimes et les fautes commises. Sa Majesté a abandonné à la justice le soin de punir les attentats et les trahisons, et, pour ne pas laisser le soupçon s'étendre, elle a voulu désigner et limiter le nombre des prévenus[1]. » Ce zèle plein de cynisme ne fut pas récompensé. Fouché dut abandonner son portefeuille de la Police le 19 septembre 1815. Talleyrand le suivit dans sa chute sept jours plus tard.

1. Cité par Tulard. *Fouché*, p. 349.

CONCLUSION

« Depuis les Cent-Jours, écrit Pierre Foucher dans ses *Souvenirs*, la France, comme dans les premiers temps de nos troubles, est divisée en deux camps ennemis, celui des libéraux et celui des royalistes. Les opinions qui, depuis bien des années, n'étaient plus que spéculatives dans le public et n'altéraient aucunement les relations sociales sont devenues des causes de désunion jusque dans l'intérieur des familles. Depuis 1815, on ne s'enquiert jamais d'une personne sans demander à quel parti politique elle appartient, et ce renseignement influe sur la détermination de l'enquérant pour des choses qui sont même étrangères aux affaires publiques. »

La France fut toujours divisée, mais la querelle dynastique qui provoqua la guerre de Cent Ans s'estompa par la suite. Les guerres de Religion laissèrent plus de traces mais l'opposition entre catholiques et protestants, encore vivace aujourd'hui, perdit peu à peu de sa violence.

Le clivage politique né de la Révolution aurait pu disparaître en 1814. La Charte s'efforçait de concilier la restauration de la monarchie avec la préservation des conquêtes révolutionnaires. Le retour de Napoléon a remis en cause ce fragile équilibre en exacerbant les passions. En 1814, il n'y avait eu ni vainqueurs ni vaincus. En mars 1815, il y a ceux qui se sont ralliés à Napoléon et les exilés de Gand. Trois mois plus tard, les vaincus de mars sont devenus les vainqueurs de juillet.

Une épuration politique avait frappé les administrations pendant les Cent-Jours ; une épuration-châtiment la suit au début de la seconde Restauration. Elle a fait de tous ceux qui avaient servi Napoléon des adversaires irréductibles des Bourbons. La réconciliation des deux France devenait impossible ; deux peuples ennemis s'opposaient.

Toutes les responsabilités de cette coupure incombent-elles à Napoléon ? Son retour fut-il, comme l'écrit Guillaume de Bertier de Sauvigny, « un des plus grands crimes qu'un chef ait perpétrés contre une nation » ?

Les inévitables faux pas du gouvernement royal, dont les économies au détriment de l'armée et de l'administration, les imprudences verbales des nobles laissant prévoir un retour de la féodalité et une remise en cause de la vente des biens nationaux, l'indifférence devant le chômage des ouvriers et les concessions maladroites aux Alliés quand ils occupaient le territoire, et surtout les prétentions excessives et anachroniques d'un clergé exigeant un respect rigoureux du dimanche ou multipliant processions et cérémonies expiatoires, tout cela a contribué à irriter l'opinion en lui donnant l'impression d'un retour à l'Ancien Régime que, dans sa grande majorité, elle ne souhaitait pas.

Sans ce profond mécontentement, Napoléon eût-il réussi ou même envisagé son retour ? Partager les responsabilités entre Louis XVIII et Napoléon, n'est-ce pas donner raison aux sceptiques, à ceux qui passèrent sans troubles de conscience d'un régime à l'autre et reçurent en 1815 le nom de « girouettes » ?

Alexis Eymery, libraire au 30 de la rue Mazarine, eut l'idée de publier un dictionnaire des hommes politiques, généraux, évêques, fonctionnaires, savants et artistes en activité depuis la Révolution. Leur notice rappelait les serments qu'ils avaient prêtés, les discours qu'ils avaient prononcés, les poèmes qu'ils avaient composés à chaque changement de régime. Une girouette leur était attribuée pour chacun de leurs reniements.

Un millier de noms figuraient dans ce dictionnaire. En tête de ce singulier palmarès : Fontanes, Fouché, Talleyrand et le chansonnier policier Piis avec douze girouettes. Pastoret, dont Rivarol disait qu'il avait « une cervelle de renard dans une tête de veau », en compte huit comme Destutt de Tracy (l'Institut n'est pas bien traité). Le maréchal Moncey, Pelet de la Lozère, Vivant Denon, l'homme du Louvre, François de Neufchâteau, qui présida le Sénat, en sont à six. La moyenne se situe à trois. C'est le sort de Fiévée.

Le succès du *Dictionnaire des girouettes* fut considérable : trois éditions avant la fin de l'année 1815. Un rival eut l'idée de faire le dictionnaire des « immobiles », recensant ceux qui ne s'étaient jamais reniés. On y trouve une trentaine de noms, tous obscurs à l'exception de Grégoire et de La Fayette.

502 pages pour les girouettes, 38 pages pour les immobiles ! Dans cette différence d'épaisseur tient la leçon à tirer de la crise de 1815.

D'autres crises de légitimité suivront : Charles X ou Louis-Philippe ? Napoléon III ou la République ? Pétain ou de Gaulle ? L'histoire donnera toujours raison aux vainqueurs, justifiant cette remarque désabusée du héros d'un vieux film hollywoodien, remarque que l'on pourrait appliquer aux acteurs des « vingt jours » de mars 1815, Fouché et Talleyrand en tête : « Innocent ou coupable, qu'importe ! L'essentiel, c'est de bien vieillir ! »

Sources et bibliographie

I. Sources imprimées

Le Moniteur, année 1815.
Le Journal des débats, année 1815.
Le Nain jaune, année 1815.
Archives parlementaires de 1787 à 1860, 2e série, t. XIV (1869).
Almanach royal, 1814-1815.
Dictionnaire des girouettes, 1815, in-8°, 502 p.
Dictionnaire des immobiles, 1815, in-8°, 38 p.
Napoléon et la police sous la Première Restauration d'après les rapports du comte Beugnot à Louis XVIII, Paris, s.d., in-8°, 328 p.
Royauté ou Empire. La France en 1814 d'après les rapports inédits du comte Anglès. Paris, s.d., 296 p.
Correspondance du prince de Talleyrand et du roi Louis XVIII pendant le congrès de Vienne, Paris, 1881, in-8°, 528 p.
Correspondance de Napoléon Ier, Paris, 1869, t. XXVIII.
Les préfets. An VIII-1870. Répertoires nominatif et territorial, Paris, 1981, in-8°, 422 p.

II. Mémoires

Barante, *Souvenirs*, Paris, 1890-1891, 8 vol.
Beugnot, *Mémoires*, Paris, 1866, 2 vol.
Bourrienne, *Mémoires*, Paris, 1829, 10 vol. (éd. en 1899 en 5 vol.)
Broglie, *Souvenirs*, Paris, 1886, 4 vol.
Caulaincourt, *Mémoires*, Paris, 1933, 3 vol.
Chateaubriand, *Mémoires d'outre-tombe*, éd. Levaillant, 1948, 4 vol.
Chevalier, *Souvenirs des guerres napoléoniennes*, Paris, 1970, in-8°, 436 p.
Coignet, *Cahiers*, éd. Mistler, 1968, 358 p.
Constant, *Mémoires sur les Cent-Jours*, éd. Pozzo di Borgo. Paris, 1961, 284 p.
Fiévée, *Correspondance et relations avec Bonaparte*. Paris, 1836, 3 vol.
Fleury de Chaboulon, *Mémoires*, Londres, 1819-1820, 2 vol. (éd. Cornet en 1901).
Fouché, *Mémoires*, Paris, 1824, 2 vol.
Foucher, *Souvenirs*, Paris, 1929, in-8°, 247 p.
Frénilly, *Souvenirs*, Paris, 1909, 560 p.
Guizot, *Mémoires*, Paris, 1857-1867, 8 vol.
Hortense de Beauharnais, *Mémoires*, Paris, 1927, 3 vol.
Lamartine, *Mémoires inédits*, Paris, 1870, 370 p.
Lavalette, *Mémoires et souvenirs*, Paris, 1831, 2 vol.
Louis-Philippe, *Mon journal*, Paris, 1849, 2 vol.
Macdonald, *Souvenirs*, Paris, 1892, 424 p.
Marmont, *Mémoires*, Paris, 1856-1857, 9 vol.
Masséna, *Mémoires*, Paris, 1849-1850, 7 vol.
Metternich, *Mémoires*, Paris, 1880-1884, 8 vol.
Molé, *Le Comte Molé*, Paris, 1922, 6 vol.
Oudinot, *Le Maréchal Oudinot d'après les souvenirs inédits de la maréchale*, Paris, 1894, 566 p.
Pasquier, *Histoire de mon temps*, Paris, 1893-1894, 6 vol.
Paulin, *Souvenirs du général baron Paulin*, Paris, 1895, in-8°, 335 p.

PERRIN DU LAC, « Journal d'un sous-préfet de Baugé en 1815 », *Revue d'Anjou*, nov. 1913, p. 183-206, 365-381.
PION DES LOCHES, *Mes campagnes*, Paris, 1889, 520 p.
RAPP, *Mémoires*, Paris, 1823, 439 p.
STAËL (Mme de), *Dix années d'exil*, Paris, 1821.
TALLEYRAND, *Mémoires*, Paris, 1891-1892, 5 vol.
THIBAUDEAU, *Mémoires*, Paris, 1913, 563 p.
VAUBLANC, *Mémoires*, Paris, 1833, 4 vol.
VICTOR, *Mémoires*, Paris, 1847 (seul le tome I a paru).
VITROLLES, *Mémoires*, Paris, 1884, 3 vol. (éd. en 2 vol. en 1950).

III. OUVRAGES GÉNÉRAUX

BERTIER DE SAUVIGNY (Guillaume de), *La Restauration*, Paris, 1955, in-8°, 498 p.
BLOND (Georges), *Les Cent-Jours*, Paris, 1983, in-8°, 348 p.
HOUSSAYE (Henri), *1815. Première Restauration. Le retour de l'île d'Elbe. Les Cent-Jours*, Paris, 1896, in-8°, 636 p.
LE GALLO (Émile), *Les Cent-Jours*, Paris, 1924, in-8°, 534 p.
MARGERIT (Robert), *Waterloo*, Paris, 1964, in-8°, 632 p.
PONTEIL (Félix), *La Chute de Napoléon Ier et la crise française de 1814-1815*, Paris, 1943, in-8°, 348 p.
QUINTIN (Danielle et Bernard), *Dictionnaire des colonels de Napoléon*, Paris, 1996, in-8°, 990 p.
SIX (Georges), *Dictionnaire biographique des généraux...* Paris, 1934, 2 vol., in-4° .
THIRY (Jean), *Le Vol de l'Aigle*, Paris, 1942, in-8°, 343 p.
TULARD (Jean) et GARROS (Louis), *Itinéraire de Napoléon au jour le jour*, Paris, nouv. éd., 1992, in-8°, 542 p.

IV. BIOGRAPHIES

Augereau : COUTURAUD (Laurence), *Augereau*, Paris, 1990, in-8°, 262 p.
Berthier : DERRÉCAGAIX (Victor), *Le Maréchal Berthier*, Paris, 1904-1905, 2 vol., in-8°; ZIESENISS (Jérôme), *Berthier*, Paris, 1985, in-8°, 308 p.

Chateaubriand : Clément (Jean-Pierre), *Chateaubriand*, Paris, 1998, in-8°, 700 p.

Clarke : Reiss (René), *Clarke*, Strasbourg, 1999, 462 p.

Constant : Bastid (Paul), *Benjamin Constant et sa doctrine*, Paris, 1966, 2 vol., in-8° .

Davout : Vigier (comte), *Davout maréchal d'Empire*, Paris, 1898, in-8°, 2 vol.

Fiévée : Tulard (Jean), *Joseph Fiévée*, Paris, 1985, in-8°, 250 p.

Fouché : Madelin (Louis), *Fouché*, Paris, 1901, 2 vol., in-8°; Tulard (Jean), *Fouché*, Paris, 1998, in-8°, 496 p.

Géricault : Thuillier (Jacques), *Tout l'œuvre peint de Géricault*, Paris, 1978, in-4°, 152 p.

Gouvion-Saint-Cyr : Ainval (Christine d'), *Gouvion-Saint-Cyr*, Paris, 1981, in-8°, 298 p.

Labedoyère : Doher (Marcel), *Charles de La Bedoyère*, Paris, 1963, in-8°, 159 p.

Lainé : Perceval (Émile de), *Le Vicomte Lainé*, Paris, 1926, 2 vol., in-8° .

Lefebvre-Desnouettes : Guillot (L.), « Le général comte Lefebvre-Desnouettes », *Revue de l'Institut Napoléon*, oct. 1963, p. 145-151.

Louis XVIII : Castries (duc de), *Louis XVIII*, Paris, 1969, in-8°, 410 p. ; Mansel (Philip), *Louis XVIII*, Paris, 1983, in-8°, 350 p. ; Lever (Évelyne), *Louis XVIII*, Paris, 1988, in-8°, 600 p.

Maret : Ernouf (baron), *Maret duc de Bassano*, Paris, 1878, in-8°, 692 p

Marmont : Saint-Marc (Pierre), *Le Maréchal Marmont*, Paris, 1957, in-8°, 392 p. ; Christophe (Robert), *Le Maréchal Marmont*, Paris, 1968, in-8°, 288 p.

Masséna : Valentin (René), *Le Maréchal Masséna*, Paris, 1960, in-8°, 338 p.

Moncey : Duc de Conegliano, *Le Maréchal Moncey*, Paris, 1902, in-8°, 626 p.

Murat : Tulard (Jean), *Murat*, Paris, 1999, in-8°, 474 p.

Ney : Floriot (René), *Le Procès du maréchal Ney*, Paris,

1955, in-8°, 224 p.; HOURTOULE (François), *Ney, le brave des braves*, Paris, 1981, 238 p.; PERRIN (Éric), *Ney*, Paris, 1993, in-8°, 380 p.

Soult : GOTTERI (Nicole), *Soult maréchal d'Empire et homme d'État*, Paris, 1991, in-8°, 672 p.

Staël : BALAYÉ (Simone), *Madame de Staël*, Paris, 1979, in-8°, 272 p.

Suchet : BERGEROT (Bernard), *Le maréchal Suchet*, Paris, 1986, in-8°, 268 p.

Talleyrand : LACOUR-GAYET (Georges), *Talleyrand*, Paris, 1928-1934, 4 vol. in-8° ; MORLOT (Georges-Albert), *Talleyrand, une mystification historique*, Paris, 1991, in-8°, 1038 p.

Vigny : SAINT-BRIS (Gonzague), *Alfred de Vigny*, Paris, 1998, in-8°, 220 p.

V. ÉTUDES RÉGIONALES

GAFFAREL (Paul), *Dijon en 1814 et en 1815*, Dijon, 1897, in-8°, 382 p.

GOMBERT (Pierre de), *Napoléon de l'île d'Elbe à la citadelle de Sisteron*, Aix, 1968, in-8°, 348 p.

Les Cent-Jours dans l'Yonne, Paris, 1988, in-8°, 230 p.

MANTEYER (Georges PINET DE) *La Fin de l'Empire dans les Basses-Alpes*, Gap, 1942-1943, 3 vol. in-8° .

TRENARD (Louis), *Lyon, de l'Encyclopédie au préromantisme*, Paris, 1958, 2 vol. in-8° .

TROUSSIER (Sophie et Anthelme), *La Chevauchée héroïque du retour de l'île d'Elbe*, Grenoble, 1965, in-8°, 166 p.

VI. ÉTUDES SUR L'ARMÉE ET L'ADMINISTRATION

BONNAL (Éd.), *Les Royalistes contre l'armée*, Paris, 1906, in-8°, 423 p.

DURAND (Charles), *La Fin du Conseil d'État napoléonien*, Aix, 1959, in-8°, 192 p.

PIGEARD (Alain), « L'armée de la première Restauration », *Tradition*, mai 2000, p. 18-22.

THUILLIER (Guy), *Témoins de l'administration*, Paris, 1967, in-8°, 268 p.

TODISCO (Umberto), *Le Personnel de la Cour des comptes, 1807-1830*, Paris, 1969, in-8°, 252 p.

TULARD (Jean), « Les épurations administratives en France de 1800 à 1830 », dans *Les Épurations administratives*, Genève, 1977, p. 49-61.

TULARD (Jean), *Paris et son administration, 1800-1830*, Paris, 1976, in-8°, 572 p.

VIDALENC (Jean), *Les Demi-Solde*, Paris, 1955, in-8°, 230 p.

VIDALENC (Jean), « Note sur les épurations de 1814 et de 1815 », dans *Les Épurations administratives*, Genève, 1977, p. 63-68.

VIDALENC (Jean), « La crise de 1815 et les préfets », dans *Les Préfets*, Genève, 1978, p. 11-27.

VII. ŒUVRES LITTÉRAIRES

ANOUILH, *La Foire d'empoigne*, 1962.

ARAGON, *La Semaine sainte*, 1958.

GOBINEAU, *Ternove*, 1847.

VIGNY, *Servitude et grandeur militaires*, 1835.

STENDHAL interrompt son journal pendant la période.

VIII. FILMOGRAPHIE

Le retour de Napoléon est évoqué dans plusieurs films : *Waterloo* (Grüne, 1929), *Le Champ de mai ou les Cent-Jours* (Forzano, 1931 ; très amusante scène où le préfet du Var append le débarquement de Napoléon dans son département), *Waterloo* (Bondartchouk, 1970), et à la télévision dans *Les Cent-Jours* (Dumoulin et Cherasse, 1966).

INDEX DES NOMS DE PERSONNES

TABLE DES MATIÈRES

TROISIÈME PARTIE
de Grenoble à Lyon
(7-13 mars 1815)

QUATRIÈME PARTIE
de Lyon à Paris
(14-20 mars 1815)

Impression réalisée sur CAMERON par

BUSSIÈRE CAMEDAN IMPRIMERIES

GROUPE CPI

à Saint-Amand-Montrond (Cher)
pour le compte des éditions J.J. Pauvert
à la librairie Arthème Fayard
75, rue des Saints-Pères - 75006 Paris
en mars 2001

35-14-106701/4

ISBN 2-213-60867-9

Dépôt légal : mars 2001.
N° d'Édition : 10833. – N° d'Impression : 011265/4.

Imprimé en France